谦虚

刘彬彬 · 著

虚心竹有低头叶

真正的谦虚，为一切美德之母

中国出版集团　现代出版社

图书在版编目(CIP)数据

谦虚:虚心竹有低头叶 / 刘彬彬著. —北京:现代出版社,2014.2
(2021.3 重印)

(身心灵魔力书系)

ISBN 978 - 7 - 5143 - 1971 - 2

Ⅰ. ①谦… Ⅱ. ①刘… Ⅲ. ①品德教育 - 中国 - 青年读物
②品德教育 - 中国 - 少年读物 Ⅳ. ①D648 - 49

中国版本图书馆 CIP 数据核字(2014)第 039836 号

作　　者	刘彬彬
责任编辑	王敬一
出版发行	现代出版社
通讯地址	北京市安定门外安华里 504 号
邮政编码	100011
电　　话	010 - 64267325 64245264(传真)
网　　址	www.1980xd.com
电子邮箱	xiandai@ cnpitc. com. cn
印　　刷	河北飞鸿印刷有限责任公司
开　　本	700mm×1000mm 1/16
印　　张	11
版　　次	2014 年 2 月第 1 版 2021 年 3 月第 3 次印刷
书　　号	ISBN 978 - 7 - 5143 - 1971 - 2
定　　价	39.80 元

P 前　言
REFACE

为什么当代的青少年拥有幸福的生活却依然感到不幸福、不快乐？怎样才能彻底摆脱日复一日的身心疲惫？怎样才能活得更真实快乐？

对于每个人来讲，你可能是幸福的、满足的，也可能是不幸福的。因为你有选择的权利。决定你选择的因素只有一点，那就是你是接受积极的还是消极心态的影响。而这个因素是你所能控制的。

你是否觉得烦恼、孤寂、不幸、痛苦？你是否感受过快乐？你是否品尝过幸福的味道？烦恼、孤寂、不幸、痛苦、快乐、幸福，这些都是形容词，而所有的形容词都是相对而言的。没尝过痛苦，又怎知何谓幸福的人生？总是到紧要关头才发现，幸福早就放在自己的面前。人的幸福，是人们对它的理解和感觉所赋予的，其实，幸福与否只在于你的心怎么看待。不幸又岂非人生之必经？有时候很奇怪，每每拥有幸福的时候，人往往不懂得这些就是幸福，总是要到失去以后才发现，幸福早就放在了自己的面前。

肚子饿坏时，有一碗热腾腾的面放在你眼前，是幸福；累得半死时，有一张软软的床让你躺上去，是幸福；哭得伤心欲绝时，旁边有人温柔地递过来一张纸巾，是幸福……幸福没有绝对的定义，幸福只是心的感觉。幸福与否，只在于你的心怎么看待。你要是总感觉自己钱没有别人多，地位没有别人高，妻子没有别人的漂亮，丈夫没有别人的体贴，孩子没有别人的聪明，你能感到幸福吗？

谦虚——虚心竹有低头叶

　　越是在喧嚣和困惑的环境中无所适从,我们越觉得快乐和宁静是何等的难能可贵。其实"心安处即自由乡",善于调节内心是一种拯救自我的能力。当人们能够对自我有清醒认识,对他人宽容友善,对生活无限热爱的时候,一个拥有强大的心灵力量的你将会更加自信而乐观地面对现实,面向未来。

　　本丛书将唤起青少年心底的觉察和智慧,给那些浮躁的心清凉解毒,进而帮助青少年创造身心健康的生活,来解除心理问题这一越来越成为影响青少年健康和正常学习、生活、社交的主要障碍。本丛书从心理问题的普遍性着手,分别描述了性格、情绪、压力、意志、人际交往、异常行为等方面容易出现的一些心理问题,并提出了具体实用的应对策略,以帮助青少年朋友科学调适身心,实现心理自助。

C目　录
ONTENTS

- -

第六章　事皆有度,过犹不及

第七章　谦虚立身,好学有成

第八章　韬光养晦不自傲

谦虚——虚心竹有低头叶

第一章
力戒自满，涵养谦逊

在这个务实的世界里，良好的品性并不一定能给自己带来相应的回报。如果我们具有高贵的品性和才干而不为人所知，也实在是一件令人遗憾的事，无论如何人们更愿意让自己的功绩来说话。但一个人如果让自己的功绩保持沉默，而代之以谦虚的美德来表现自己的真实，也许能收到奇效。

民间有句非常贴切的谚语："低头是稻穗，昂头是稗子。"越成熟，越饱满的稻穗，头垂得越低。只有那些穗子里空空如也的稗子，才会显得招摇，始终把头抬得老高。

吹牛无济于事反遭讨厌

愈是谦逊的人，别人愈是喜欢找出他的优点来推崇。愈是把自己的所作所为看得了不起而孤高自大的人，别人不但愈是瞧不起他，而且愈是喜欢找出他的缺点，加以全力攻击。

当年美国工程师查尔斯要建巴拿马运河时，人们对于这个壮举，议论纷纷，毁誉不一，有人夸奖他勇敢坚毅，也有人骂他异想天开。但是他对这些毁誉一概置之不理，只管自己埋头苦干。有人问他对于那些批评有什么感想，他回答得十分适当，他说："目前还是做我的工作要紧，关于那些批评，日后运河自会答复他们的。"

"让事实自己去答复那些批评"——这真是指示我们治事方针的至理名言，这样做比连篇累牍的吹嘘要强过千万倍。

后来运河果然如期完成，一时又是议论鼎沸，但现在却是众口一词地争相夸奖他了。他自己怎样呢？到播音室去致答谢词吗？写一篇文章去向从前攻击他的人做一有力的反击吗？或者站在第一艘通过水闸的船上，接受欢呼？

当第一艘船由大西洋通过运河至太平洋时，有一位来参加揭幕典礼的英国外交官，也坐在船内。事后据他写给朋友的信中说："查尔斯先生并没有搭乘这艘船，他只是在运河岸以北看着我们的船开过。后来。我们又在河岸上看见他穿着衬衫站在水闸上，正在观察开关水闸的机器。船开过之时，有一个人对他三呼万岁。但不等他喊到第二声，查尔斯先生已经走开了。"

　　这告诉我们：查尔斯并不希冀人家对他的欢呼。他已经把全部的精神，贯注在他的工程上了。只要工程完成，他就如愿以偿；反之，他就自己承担失败了。因此，他所说的"运河自会答复他们"，既非自夸，更非自卑，完全是确确实实的话。

　　除非"吹嘘"在你的事业成功上占有相当重要的位置，如商业上的广告等，否则你还是不用为妙。我们的名誉，将来自有我们所成就的伟大事业来宣扬。**在成功之前，一味吹牛，不但无济于事，反将使你分心疏忽，从而减低了成功的可能。**

　　钢铁大王卡内基在他的自传里，谈起洛伯里的轶事时说："记得有一天早上，洛伯里先生特地差人请我去一趟，当我到他家里时，他正坐在桌旁，桌上放着一个信封，寒暄过后，他便把那个信封递给我说：'我想请你把写这封信的秘书辞退。'当时我大感惊异。'为什么呢？'我说，'这个秘书平日做事十分认真。品行也很不错，简直像是我的左右手一样，他有什么事得罪了你吗？''你看，'洛伯里指着信封上的一行名字说，'这不是他的字迹吗？他怎么把我的姓氏写上两个呢？'这使我心中大感不悦，于是我说：'这种一时的笔误是谁都难免的，即使写错了，也不过是无心之错，何必当作一件了不起的事？我平日如果对于这种事也斤斤计较，也许早已不在人世了。至今我每天收到的大批信件中，仍有十分之二三把我姓名的字母拼错的'。

　　我这一番话仍旧不能提醒他。他拿着那个信封，不知如何是好。试想，即使是一个再了不起的伟人，有了这种狭小的气量，优点也会立刻逊色不少的。"

　　世上有许多人，依赖某种势力，高居人上，因为对于自己的行动毫无自信，便时时注意人家是在尊重他，还是鄙视他。如果别人无意中对他稍有疏忽，他就立刻认为那人已在向他进攻，立刻拿出全力与他周旋。这种人固然可悲，实在也很可怜。

　　美国芝加哥第一国家银行总经理雷劳先生，有一次告诉别人说："在我们银行里做事的年轻职员们常有一个通病，就是常常喜欢自视非凡。尤其是那些地产部和证券部的职员们，他们一旦完成一笔巨额交易时，便大摆架子，好像做成这笔交易非他莫属。实际上，那只不过是靠了银行招牌的号召力罢了。"

　　当然，如果你有一个大公司、大银行的招牌可以利用，你就不妨尽量运用它以增进你的工作效率。但是事成后。你必须把功劳仔细分析清楚——这件事的成功，究竟是完全靠你一人之力，还是靠那块招牌的力量。如果有些后者的成分夹杂在内，那你就应该赶快思索一下：将来如果遇到同样的场合，但没有这个靠山时，应该怎样去做成这笔生意。不可因此就自吹自擂起来，不把人家放在眼里了。

魔力悄悄话

　　当你做了一桩自鸣得意的事时，你应该自问：这事能够成功，是不是靠了自己公司招牌的力量，或是自己地位的力量？因为有许多场合，我们常会把这种环境促成的成就，当成是自己了不起的功绩，因而愚蠢地蒙蔽了自己。

虚怀若谷才提高得更快

研究显示，如果你想得到最佳的学习效果，谦逊是个不错的利器。虚怀若谷的人无论何时都觉得自己仍有待提高，因此勤学苦读、努力钻研，结果效率比那些骄傲自满的人高得多。高估自己实力的学生往往考试不及格，自大轻敌的运动员往往败北，这都不足为奇。如果你态度谦逊，意味着你会进一步采取积极的行动，因而更有获得成功的可能性。

托马斯·杰斐逊是美国的第三任总统。1785年他曾担任美国驻法大使。一天，他去法国外长的公寓拜访。"您代替了富兰克林先生?"法国外长问。"是接替他，没有人能够代替得了富兰克林先生。"杰斐逊谦逊回答说。杰斐逊的谦逊给法国外长留下了深刻印象。

19世纪的法国名画家贝罗尼，有一次到瑞士去度假，但是每天仍然背着画架到各地去写生。有一天，他在日内瓦湖边正用心画画，旁边来了三位英国女游客，看了他的画，便在一旁指手画脚地批评起来，一个说这儿不好，一个说那儿不对，贝罗尼都一一修改过来，末了还跟她们说了声"谢谢"。第二天，贝罗尼有事到另一个地方去，在车站看到昨天那三位妇女，正交头接耳不知在议论些什么。过了一会儿，那三个英国妇女看到他了，便朝他走过来，问他："先生，我们听说大画家贝罗尼正在这儿度假，所以特地来拜访他。请问你知不知道他现在在什么地方?"贝罗尼朝她们微微弯腰，回答说："不敢当，我就是贝罗尼。"三位英国妇女大吃一惊，想起昨天的不礼貌，一个个红着脸跑掉了。

贝罗尼身为法国著名画家，面对"不识泰山"的看画者，他不仅没有自命不凡，反而谦虚而真诚地接受了她们的批评建议。真不愧为一代宗师。这一事例启示我们，**谦逊的态度和不断追求进步、重新改造自己是密切相连的。**可惜的是，在人生旅程中，我们常会走到某个地步，不再虚心地学习，一门心思地只想有个安全稳当的规划。我们宁可当个权威的教师，也不想当个谦逊的学生，所以我们把现实拒在门外，将一切看成是理所当然，不再用思索的头脑提出各种问题，也不再承认我们的知识说不定已经失真，我们的文化资产可能已经过时。为了肆意地享受安逸，我们不再抱有怀疑的精神和钻研的斗志，因为它们既费时又费力。其实，事情可能完全不是这样子的。

西班牙画家戈耶有一幅蚀刻画，画面上一个耄耋老人，画的下方题有两个字：Aunapriendo，翻译成中文，意思是"我还在学习"。这是知性的最高境界，更是谦逊者的姿态。"我还在学习"也适用于人际交往领域。在人际关系中，我们可以先入为主，排除他人"以师者的姿态教育自己"的可能性。我们也可以做其他的选择，信奉"三人行必有我师"的箴言，周围人不同的经验、感觉、想法、梦想和理想都可能带给我们启发。

魔力悄悄话

谦虚是高尚的品德。居功自傲最终会导致失败。知识越多的人往往越谦虚。成功的第一个条件便是谦虚。谦虚使人得到尊重。

谦逊者的处世姿态

谦逊,是人类最好的品格之一。凡是出类拔萃者都有自知之明。他们知道在这个广袤的世界。复杂的社会里自己实在太简单、太渺小了,不够去解决人世间全部的问题。他们只能尽其所能诚恳地去做自己本分以内的事情,尽自己的头脑,勇敢地解决自己所遇到的问题。偶有所得,偶有成就,他们也绝不好大喜功、自命不凡。

秋天,北京大学新学年开始了。一位外地来的年轻学子背着大包小包走进了校园,实在太累了,就把大包小包放在路边。这时,正好一位老人迎面走过来,年轻学子走上去说:"您能不能帮我看一下包呢?"老人爽快地答应了。那位学子于是轻装去办理各种入学手续。一个多小时以后回来了,老人还尽职尽责地完成着自己的使命。年轻学子谢过老人,两人各自离去。几天之后,北大开学典礼,这位年轻学子惊讶地发现,主席台上就座的副校长季羡林先生正是那一天替自己看行李的老人。

像国学大师季羡林这样积极谦逊的人,才是人类中高尚可钦佩的人。谦逊的人,因为看得透。所以不躁;因为想得远,所以不妄;因为站得高,所以不傲;因为行得正,所以不惧。这样的人,才称得上是真正的谦逊之人。**一个人只有做到谦逊,既不妄自菲薄,也不妄自尊大,不断进取,才会赢得别人的尊重,成功才会迎面而来。**

相对而言,骄傲不仅使人落后,还会招致不良后果。

五代时,晋王李克用带着对梁、燕、契丹的遗恨而死。临终前,李克用留给儿子李存勖3支箭，嘱其复仇。李存勖不忘父亲的遗志，出征时将3支箭装入锦囊，凯旋后则祭祀在祖庙，以此激励自己奋发图强。在此强大的推动力下，李存勖攻城略地，灭燕破梁，又败契丹，无往不胜。"意气之盛，可谓壮哉！"

可是当后来天下已定，大功告成时，李存勖却变得骄傲自满起来，纵情声色，终日与美女在一起，致使上下离心，国运日衰，三五年后就祸端骤起，自己也被乱箭射死。

这个故事告诉我们：**即便是取得一些喜人的成功，也不可过于骄傲。一旦骄傲，若不收敛，将会祸端骤起，不利于己。有道是："谦受益，满招损。"**谦逊使人取得成就，赢得别人的称颂，而骄傲却令人不思进取，招致不良的后果。

能否做到谦逊是衡量一个人思想品德是否高尚的方法之一。让我们养成谦逊的美德，做一个高尚的人吧！稍加观察，你便会发现饱满的稻穗总是低头看着大地母亲。它们不骄傲，不忘本。也许我们不能成为像季羡林那样满腹经纶的大学士，但我们可以选择成为一个像季羡林那样的谦逊低调之人，或者是努力成为一束饱满的稻穗！

魔力悄悄话

谦虚并不是毫无原则地贬低自己。真正谦虚的人是勇往直前的。正确认识自己是谦虚的前提。谦虚有时能给人带来机遇。

自吹自擂不是真本事

国人有句俗语："有本事让别人去说。"的确，一个有真本领的人是不喜欢自吹自擂的，因为别人的眼睛要比自身的眼睛亮得多。

就像1999年举行的那场世纪拳王大赛一样，虽然这场比赛被判为平局，但明眼人一看就知道是刘易斯获胜，真正的拳王当是刘易斯，霍利菲尔德再怎样吹嘘也是没用的。

美国南北战争时，北军格兰特将军，和南军李将军率部交锋，经过一番空前激烈的血战后，南军一败涂地，溃不成军，李将军还被送到爱浦麦特城去受审，签订降约。格兰特将军立了大功后。是否就骄奢放肆、目中无人起来了呢？没有！他是一个胸襟开阔、头脑清晰的大人物，他绝不会做出这种丧失理智的行为来！他很谦逊地说："李将军是一位值得我们敬佩的人物。他虽然战败被擒，但态度仍旧镇定异常。像我这种矮个子，和他那六尺高的身材比较起来，真有些相形见绌，他仍是穿着全新的、完整的军服，腰间佩着政府奖赐他的名贵宝剑；而我却只穿了一套普通士兵穿的服装，只是衣服上比士兵多了了一条代表中将官衔的条纹罢了。"

这一番谦虚的话听在人家耳里，远比数次的自吹自擂好得多。唯有对自己的成就产生疑问的人，才爱在人家面前吹牛，以掩饰那些令人怀疑的地方。**一个真正成功的人，是不必自我吹嘘自我炫耀的，因为你的成绩，你的成功，别人会比你看得更清楚。而且会记在心上。**

格兰特将军不但赞美了李将军的态度，而且也没有轻视他的战绩。他认为自己的成功和李将军的失败，都是偶然的机会造成。他说："这次胜负是由非常凑巧的环境决定的，当时敌方军队在弗吉尼亚，几乎天天遇到阴雨天气，害得他们不得不陷在泥潭中作战。相反，我们军队所到之处，几乎每天都是好天气，行军异常方便，而且有许多地方往往是在我军离开一两天后便下起雨来，这不是幸运是什么呢！"

格兰特将军把一场决定最后命运的大胜利，归功于天气和命运，这正表示他有充分的自知之明，始终没有让理智被名利的欲念所埋没。曾经有人说："越是不喜欢接受别人赞誉的人，越是表示他知道自己的成功是微不足道的。"

实际上，只要我们仔细思考，就知道我们99%的成功，其实有不少是机遇的成分夹杂在里边的。我们应该看清这些机遇所在，准备将来如有同样事情发生，又缺乏这些机遇时，知道怎样应付。**欧洲有一著名格言："越是喜欢受人夸奖的人，越是没有本领的人。"** 反之，我们也可以说："越是有本领的人，越是不需要别人的夸奖。"

魔力悄悄话

假使你常常为芝麻小事而得意忘形，接受别人的称赞，自己拍自己的肩膀，把它当作一桩了不得的事情，那你无异是在欺骗自己，就像那些被魔术欺骗了的观众一样。从此你将走上失败之路，因为你早已没有自知之明，盲人骑着瞎马乱闯，怎么会有成功的希望呢？

成功者的做人训诫

诸多研究指出，一个骄傲自大的人越是争强好胜，学习态度和效率就越差，连创造力也会得到削弱，因为竞争引发的焦虑令他们分心，甚至是心神不宁，不再注意手头的重要事务。谦逊则恰恰相反。它没有内定的争胜程序。

谦逊的人不需要赢过别人，才能证明自己有存在的价值。谦逊的人深知"人外有人，天外有天"，也欣然接受这个事实。

全球最大的网上书店亚马逊公司的总裁杰夫·贝索斯小时候，经常在暑假随祖父母一起开车外出旅游。

贝索斯10岁那年，有一次在旅游途中，他看到一条反对吸烟的广告上说，吸烟者每吸一口烟，寿命就会缩短两分钟。看到这个，贝索斯想起自己的祖母也在吸烟，而且已经有30年的烟龄了。于是，他便自作聪明地开始计算祖母吸烟的次数。计算的结果是：祖母的寿命将因吸烟而缩短16年。小孩子无知。他得意地马上就把这个结果告诉了车上坐的祖母，祖母却伤心地放声大哭起来。

祖父见状，便把贝索斯叫下车，然后拍着他的肩膀说："孩子，总有一天你会明白，仁爱比聪明更难做到。"祖父的这句话虽然只有短短的19个字，却令贝索斯终生难忘。从那以后，他一直都按照祖父的教诲做人。

另外有一位学生刚刚从大学毕业，凭借自己的出色表现，很快在一家公司找到了工作。

由于他的专业知识扎实，头脑又灵活，很快就适应了当前的工作，获得了同事的羡慕和上司的赞扬。可他却有点恃才傲物，别人的事情，他都爱插手，虽然提的意见有时很有见地，但别人都不买他的账。有一次开会时，上司提了一个方案，他马上进行了反驳，并提出了自己的意见，上司表面点头允许，心里却对他产生了怨恨心理。后来上司找了一个借口，将他辞退了。

上述故事启示我们，人是不可能没有欲望的。然而，在一般情况下，忍住显示自己才智的欲望，可以获得更多才能，保持不自满的心态同时也可以避免因为炫耀自己的才能，招致他人对自己的失望、妒忌、攻击、陷害。

大量的研究表明，至少有 12 种性格容易招致失败和贫困。其中便包含了诸如自满、自以为是等负面性格。要想走向富裕与成功之路，就必须摆脱掉下面的 12 种性格。

1. 自满。自己的总是最好的，这种人不愿与外界来往，不可能有更高的追求。

2. 知足。只要有吃有穿，腹饱体暖，就感到满足，对于财富没有追求。

3. 保守。这种人的生活全凭过去的经验，没人走过的路他不敢走，没人做过的事情他不敢做。

4. 怯懦。这种人胆子特别小，总是怕这怕那。哪一种成功不冒风险呢？

5. 懒惰。一种是身体懒惰，另一种是大脑懒惰。

6. 孤僻。赚钱就是把别人的钱变成自己的钱。孤僻的人不擅长与人打交道，要想赚到钱就不太容易了。

7. 自以为是。自以为是的人，一般都处理不好与周围人的关系。与人处不好关系，就不能形成长久的合作。与人合作不好，很难做成大事。

8. 狭隘。一是心胸狭隘，二是视野狭隘，三是知识结构狭隘。这种性格的人，也是很难与人和社会相处的，只好既贫又困。

9. 自私。不想奉献，只想占便宜，这种人最终不会获得成功和财富，他只能拥有自己——形影相吊，顾影自怜。

10. 骄傲。有一点成绩就忘乎所以，这种人也许会成功，但很快又会丧失他获得的一切。

11. 狂妄。这种人无论在哪儿都不受欢迎,尽管他有很大才气,很强能力,但是一定会招来周围的人群起而攻之。

12. 消极。消极的人什么都不想,什么也不去做。即使有再强的能力,终生也将一事无成。

魔力悄悄话

过于显露自己的才能和智慧,过分地招摇,首先会招致对自己的损害。因此,真正聪明的人,从来不会自以为是,他们以谦虚好学为荣。常以自己的无知或不如人而惭愧,能够得到更多的学习机会,向别人求教,丰富和完善自我是他们的目的。即使自己确有才智,也不会四处出风头,刻意地显摆和炫耀自己。

架子让别人对你敬而远之

一个人的角色是多种多样的，职务的角色仅是一个人众多角色中的一种。角色会随着时间、地点、条件的变化而变化，绝不可能固定在一种方式上。一个人尤其是做上司的人，如果能够认清这个问题的话，那么他所从事的事业也一定会成功。可以说，认识到自己的多种角色是人们做到自知之明的思想基础，身处领导岗位的人尤其如此。

自大多一点就是一个"臭"字。 人们对妄自尊大者，就嗤之以鼻，拒之于千里之外。

光武帝即位后，蜀地有位叫公孙述的人，自立为王，与中央对立。与此同时，西北陇地的隗嚣，正困惑于不知应投靠光武帝还是归顺公孙述。于是他派部下马援前往公孙述处打探。马援与公孙述原是旧知，以为他这次前往。公孙述定会像以前那样欢迎他。

然而，到蜀后，公孙述迎接他的态度如同冷水一样，十分的严肃、傲慢。看到这里，马援对随从说："够了！他们只是虚有其表，这种地方怎能容下天下之士呢？"说完，马援便打道回府，报告隗嚣道："公孙述只是外强中干的家伙，充其量是个坎井之蛙，不足信也。"

之后，马援又奉命去拜访光武帝，马援到后不久，光武帝便亲自迎接，笑容可掬地寒暄道："久仰贵公才能，今日一见，果然不同凡响！"

马援受宠若惊，说："前几天我去拜访我的旧知公孙述，他却一副盛气凌人之态。这次与大王初见，即受到如此亲切的接见，陛下不疑我是刺客，这到底是为什么？"

光武帝好言相慰，始终不摆架子。隗嚣得知光武帝的为人后，立刻率部投奔汉朝。

由此可见，做人应该谦逊、和蔼，这样人家才愿意亲近你，你才有群众基础；反之，如果高傲自大，人皆远之，你就成了"孤家寡人"。

魔力悄悄话

所谓"人贵有自知之明"说的就是这个意思。人的某种盲目性的产生，往往是因为他们对某种事物缺乏深刻的了解。人的自满高傲或者自卑自贱。也是由于他们对自身缺乏一定的了解所致。一个人只有对自己有了透彻的了解，才会将自己置于恰当的位置。

第二章
用谦虚演绎人生和谐

清人申居郧说过："好说己长便是短,自知己短便是长。"此话道出了谦虚的做人智慧。

努力学习他人长处,如同一块绝不放过一滴水的海绵,正所谓博采众长。我们就能不断成长。谁敢妄言自己全知全能呢?

未知的世界大圆无限大,但我们不是可以把自己有知的小圆拓展开阔得更远、更大吗? 从而成为一个不断长大的小圆。要做到这一步,就离不开谦虚的智慧。谦逊的人不喜欢装模作样、摆架子,没有盛气凌人的傲慢,能够虚心向身边的人学习。

谦虚的人更容易成功

"满招损,谦受益"。这是我国的一句至理名言。谦虚谨慎,犹如未满之月,日臻充盈,而骄傲自满则如满桶之水不断流失。古今中外,凡成大事者,莫不是虚怀若谷之士,而败事者常为骄傲自大之徒。

谦虚的人最有魅力

谦虚的人往往是本身就具有高素质的博学多才之士,这些人在各方面都具有很高的悟性和境界,能够在各方面严格要求自己。他们就像人们都常看到的那些成熟的、饱满的果实,总是谦虚地低着头。谦虚的人总是以尊敬他人为荣,不论是在称呼上还是其他方面都表现得儒雅、谦恭、彬彬有礼。对于自己的成绩,能够做到客观对待,从不沾沾自喜,能够将成绩看成历史,一切再从零开始,默默地奋斗。谦虚的人不会故意贬低自己,不会虚伪地阿谀奉承,只会自然地表明自己的态度。在与他人交往中,他会换位思考,会先想到别人,后想到自己。谦虚的人往往是顾全大局的人,心胸宽广的人,大度的人,不自私自利的人。

就像人们敬爱的周总理一样,他为人谦虚,直到现在还是有口皆碑。对于谦虚,他说:"自以为聪明的人,往往是没有好下场的,世界上最聪明的人是谦虚的人,因为只有谦虚的人才经得起事实和历史的考验"。有同志热情向他建议:"总理,您给我们写一本书吧!"可他的回答是:"如果我写书,就写我一生中的错误,让活着的人们从过去的错误中吸取教训。"谦虚得人让人尊敬。

谦虚——虚心竹有低头叶

谦虚往往可以使你永远把自己置于学习的地位,发现他人的优点,学习他人的长处。但是,谦虚绝不是通常意义的客套与虚伪,面是实实在在所拥有的学习和进取的精神。谦虚的人具有丰富的头脑,所以,对世界的人和事物看得比较透彻,处理问题胸有成竹。谦虚的人做人坦坦荡荡,不急不躁,具有高瞻远瞩的魄力,具有放眼世界的胸怀,以天下为己任。

魔力悄悄话

其实,人和人没有本质上的区别,就像一句谚语中说的那样:"光滑的瓷器来自泥土,一旦破碎就归于泥土。"再高的学历也只代表过去,而只有学习才能代表将来。尊重比自己有经验的人,才能少走弯路。青少年应该有一种谦虚的学习精神,把谦虚视为自己的美德来培养,这样才能使自己在学习的道路上永远向前,不断进步。

人生大病，只是一"傲"字

青春并非孱弱之美，正是因为那份本真与谦逊，才焕发出持久的魔力。苏联苏霍姆林斯基有一句名言：谦逊为一切美德的皇冠。

学会谦逊，善于谦逊，就会培养出可贵的品德。在现实生活中，人们都喜欢那些谦逊的人。当一个人最谦逊的时候，也就是他最接近伟大的时候。

才识和学问真正高的人，在态度上反而越谦卑，希望自己能精益求精，更上一层楼。也正因为如此，他们往往具有容人的风度和接受批评的雅量。反之，我们对于自己并不在行的事情，就不要随便发表议论，听在专家耳里，就显得你很肤浅。

谦逊的品格能够帮助你看到自己的差距。永不自满，不断前进，可以使你冷静地倾听他人的意见和批评，谨慎从事。反之，骄傲自大，满足现状，停步不前，主观武断，只会使自己受到更大的损失。

你可能会觉得自己在某个方面比他人强，但你更应该将自己的注意力放在他人的强项上，只有这样，你才能看到自己的肤浅和无知。任何一个人，都可能是某个领域的行家里手，所以你必须保持谦逊，看到自己的短处，才会促使自己不断进步。

谦逊对一个人来说是非常重要的。只有谦逊，才能保持不断进取的精神，才能增长更多的知识和能力。

看过武侠小说的都明白，那些口出狂言之徒，一定是武功低劣之流；相反，身怀绝技者，往往深藏而不露。是在故意装深沉吗？非也！青少年必须明白，不鸣则已，一鸣惊人的境界，是需要平静的心态才能达到的。因此，做人需谦虚，需低调。这绝对不是虚伪的表现，而是一种有实力、有智慧、有涵养的体现。

　　谦逊之人不会被人生耀眼的光环所蒙蔽,他清楚自己的长处和缺点,失败与成就。他能虚心接受不同的意见,更能以宽广的胸怀接受他人的批评,甚至为批评自己的人拍手叫好。

　　懂得谦逊,是一种赶超人的品质。

魔力悄悄话

　　高尔基说:"智慧是宝石,如果用谦逊镶边,就会更灿烂夺目。"青少年要明白,谦逊是一颗力大无比的定风珠,在平时的生活与学习中要时刻保持谦逊的态度。

谦虚是道德开的花

我们不能一有进步,就像皮球一样,别人拍不得,轻轻一拍,就跳得老高。而应该成绩越大,越要谦虚谨慎。

谦虚的人总想为人们做点好事,待人仁慈、宽厚;总之,用你的谦虚来避免厄运吧。真正的科学家都拥有谦虚的道德观,因为他做出的事情越多,他就看得越清楚:对自己更加不满足,是任何真正有天才的人的根本特征之一。

谦虚赢得尊重

谦虚就是有自知之明,是一种有修养的表现。一个人只有谦虚,才会受到别人尊重。

相传我国著名诗人白居易,每当作好一首诗,总是先念给牧童或老妇人听,然后再反复修改,直到他们听了拍手称好,才算定稿。像白居易这样一位著名的诗人,并不因牧童和村妇不识字而轻视他们,因为他懂得真正的文学作品,必须得到人民的承认,所以他虚心求教于人民,这才使他的诗通俗易懂,在民间广为流传,为后人所称颂。

相反,如果一个人毫不谦虚,他就很难得到人们的尊重。

赫耳墨斯想知道自己在人间被多少人所尊重,于是化作凡人,来到一个雕像者的店里。他看见宙斯的雕像,问道:"值多少钱?"雕像者说:"一个银圆。"

赫耳墨斯又笑着问道："赫拉的雕像值多少钱？"雕像者说："还要贵一点。"

后来，赫耳墨斯看见自己的雕像，心想他身为神使，又是商人的庇护神，人们一定会对他倍加尊重，于是问道："这个值多少钱？"雕像者回答说："假如你买了那两个，这个算饶头，白送给你。"

这则寓言告诉人们：**自我估价与客观评价是反向的，自我估价越高，客观评价越低，只有谦虚，才能受到别人的尊重。**

对于青少年来说，不能因一点点的进步而浮躁，也不能因一点点的成绩而骄傲，学习就应该像白居易一样，勇于听取别人的意见，只有这样才能表现出自己的道德修养，才能使自己不断进步。

学会说"是"当视为谦逊的行动

世界上的每个人都有说"不"和说"是"的自由。幼年时我们在父母的羽翼下成长，渐渐长大后，为了显示我们的独立和存在，我们开始有了反叛情绪，开始对父母说"不"。甚至有些时候根本不需要说"不"，我们也会说"不"。

人不需要多少聪明才智就可以说"是"，因为当你说"是"的时候，没有人会问你什么。因为你既然都已经说"是"了，又何必解释和争论呢？但是当你说"不"的时候，别人一定会问你"为什么"。"不"表现了你的聪明，显得你不盲从，给你自由的感觉。

在我们的生活中，说"不"的机会比说"是"的机会多，但说"不"的聪明只是在卖弄自己，唯有说"是"才有和谐，才可能从别人那里得到益处。别人有100条缺点你没看到，没有损失，但有1条优点你没学到，那就是你的损失。学会说"是"才是人生中的聪明之举。

说"不"的自由是非常幼稚的自由，如果一个人终其一生都陷在"不"里面，成为一个永远都是在说"不"的人，那就代表他已经停止了成长。人要学会说"是",不仅孩子要学会从父母的话语中找到"是",我们也要善于从别人的话语中发现"是",这并不是教大家盲从,这是要大家善于去寻找共同点,去寻找和谐,去发现别人的优点。

其实人都需要经过一长段时间的学习和成长,才能成熟到既说"是",却还能保有自由的权利,说"是"而不沦为他人的奴隶。

魔力悄悄话

"谦虚"是中国的传统美德,也是中国人最具有代表性的人格。青少年要学习古人的谦虚精神,并传承和发扬光大,让自己学有所成,谦虚做人。

谦虚如河流深处

一个具有谦虚品质的人，永远不会随处张扬和标榜自己。就像河中的水，表面上的，一有风吹就会掀起浪来，而且哗哗地响着；而河水的深处，不管水面刮再大的风，都能静静地保持沉默。

学习别人身上的优点，日积月累，会使你变得更深沉。

在阿道夫·贝耶尔10岁生日那一天，他原以为爸爸妈妈会像其他小朋友的父母那样，为他热热闹闹地庆祝一番。可是这一天，母亲一大早就把他领到外婆家里，在那里消磨了一整天，根本没有提过生日的事。贝耶尔很不高兴，在回家的路上，一直噘着嘴不说话，母亲见了，语重心长地说："我生你的时候你爸爸41岁，还是个大老粗。现在他51岁了，可还跟你一样，正在努力读书，明天还要参加考试。我不愿意因为你的生日而耽误他的学习，时间对他来说实在太宝贵了，你现在还小，也要学会珍惜时间。"

母亲的话语，如雨露一般，点点滴滴滋润着贝耶尔幼小的心田。后来他回忆道："这是母亲送给我10岁生日的最丰厚的礼品。"贝耶尔在大学读书时，有机化学家贾拉古教授的名字传遍了德国。不过，那时这位教授还很年轻。一些科学界耆宿总是提出这样那样的问题挑剔他。有一天，贝耶尔和父亲在一起闲谈，提起了贾拉古教授。贝耶尔说："贾拉古只比我大6岁……"言外之意是这个人并没有什么了不起。父亲听了很不满意，他对贝耶尔说："大6岁怎么样，难道就不值得你学习吗？我读地质学时，老师的年龄比我小30岁的都有，我一样恭恭敬敬地称他们为老师，认认真真地听他们讲课。你一定要记住，年龄和知识不一定成正比。不管是谁，只要他有学问，就应该虚心向他学习。"

　　谦虚的态度决定一切。在学习时,会在不知觉中遇到一些障碍,这时一些人就产生自以为是的情绪,自以为满的态度,从不去请教比自己有能力的人。其实放下自己的架子,去问一下身边的同学,也许你会得到一个很好的答案。

魔力悄悄话

　　我们懂得的一切都没有什么了不起,永远不要好为人师。青少年要学习别人身上的优点,感受"空杯理念",才能学到更多的知识。要懂得藏拙,要懂得自谦。切忌被一时的环境冲昏头脑,得意而忘形。

不断向前才能日有所益

　　人生的最大乐趣莫过于对知识和美德的追求。终极孜孜不倦地追求知识和美德的人，是生活的强者。

　　世界上有很多的追求。高尚的追求，使生命变得壮丽，使精神变得富有；庸俗的追求，使人生变得昏暗，使青春变得衰朽。巴甫洛夫说："到任何时候，永远不要以为自己已知道了一切。"

学习永无止境

　　人类与动物最大的区别，当在于知识和美德。作为青少年，理应追求知识和美德。正如意大利著名诗人但丁所说的："人不应当像走兽般地活着，应当追求知识和美德。"美德来源于知识，来源于后天的修养，包括文明和道德以及所有的真、善、美。

　　有人说知识是一回事，美德是另一回事，其实它们是相互独立又相互联系的两个概念。知识是青少年成长路上的指明灯，它指导青少年更清楚地认识世界。一个青少年只有不断提高自己、扩充自己的知识量，才能立足于未来社会，才能与人们自然和谐相处，才能有能力不断开拓思路、锐意创新，才能更好地追求自己的理想。至于美德，自古以来就被人们所赞赏、所推崇。翻开历史画卷，赞赏美德的诗句辞文俯拾即是。如宋人周敦颐作《爱莲说》一文，以生动的语言褒扬了莲花的美德："出淤泥而不染，濯清涟而不妖，中通外直，不蔓不枝，香远益清，亭亭净植，可远观而不可亵玩焉。"陈毅元帅则用"大雪压青松，青松挺且直。欲知松高洁，待到雪化时"的豪迈诗句，表达了对青松美德的赞赏，发自内心地钦佩不已。三国时期刘备离世之前留给后人一句遗训"惟贤惟德，能服于人"……从这里我们能够看到，伟人志士对做人的美德是多么渴慕，多么珍惜。

事实上，**追求知识和美德在当今社会显得更为突出和重要，它是现代青少年适应现代生活的必备条件之一，是现代青少年生存方式的基础所在**。在青少年的成长旅途中，只要让知识与美德同行，就能铸就辉煌的人生。

山外有山，人外有人

山外有山，人外有人。当取得了成绩的时候，便该想起这句话。它让人把今天的成绩淡忘，投入到新的学习中去。如果你认为自己做的已经不错了，往往表明你做得并不够好。你要朝着目标继续努力前进。

你爬得越高，并不代表你越有成就感，相反地，你愈发地感到自己的渺小，于是你会更加努力地向着更高的山前进。

在漫长而辉煌的中外文明史上，谦谦君子可谓是灿若群星，熠熠生辉。青少年要培养自己学习求教的谦虚精神。尽善尽美很难，总有不足之处。因此，要永远保持学习的精神，不断追求向前，才能日有所进。在学习过程中，以真诚的心意、谦虚的态度求教，相信教导者也会受感动而倾囊相授。

魔力悄悄话

青少年想要追求知识和美德，想要有一番作为，就要有远大的志向和坚定的信念，就要努力坚持、辛勤付出。在目前的生活中，物质方面的极端困难已经不是每个人都会遭遇到的，而精神方面的营养不足却是谁都避不开的。

保持谦虚的心态

谦虚的人总是对自己不满意,总是虚心地学习和吸取别人有益的经验和知识,从而提高自己。谦虚是一种好的心态,每个人都要保持谦虚的心态。

保持谦虚 谦卑做人

从前有一匹马,它非常骄傲,总是配着金光闪闪的马鞍,趾高气扬地在路上走着。有一次,它走进一条狭窄的巷子里,刚好有一头驴子迎面而来。驴子的背上驮了很多货物,看起来十分劳累疲倦,而由于背上的东西实在太重了,驴子无法灵活地移动脚步,也很难给马让路。马看到这头貌似卑贱的驴子,非常骄傲地说:"你还不快点让开!也不看看你什么出身,竟敢挡住我的去路。"驴子知道马既骄傲又不讲理,也没有多说什么,费力地移动着步伐给马让出路,好让马走过去。

过了不久,主人骑着那匹马外出打猎,由于不小心,那匹马的腿被摔断了,主人认为医不好了,于是就取下它背上漂亮的马鞍,把它带到田里去工作,要它运送肥料和粮食。昔日光鲜亮丽的马,如今变得十分狼狈,每天都跛着那只伤残腿,辛辛苦苦地干活。

偶然的一次机会,这匹马在路上又遇到了驴子,驴子看见马一副可怜兮兮的模样,就对马说:"当初你趾高气扬,对我那么嚣张无礼,如今你却落得和我同样的下场,而且连脚也跛了。你背上美丽的马鞍和漂亮的装饰品都到哪去了?"

做人要保持谦虚的心态，千万不要学那匹骄傲自大的马。就是自己真的有优点，也要戒骄戒躁，想法子找出缺点加以改进才能进步。不但自己心里要保持谦虚，表面上更要谦逊。

怀谦虚之心　低调做人

伟大的科学家牛顿发现了万有引力定律，建立了成为经典力学基础的牛顿运动定律；在热力学方面，他确定了冷却定律；他进行了光的分解而创立了光学；在天文学方面，他创制了反射望远镜，考察了行星运动规律，科学地解释了潮汐现象，预言了地球不是正球体；在数学方面，他是微积分学的创始人。世人都对他的伟大成就赞叹不已，然而牛顿却总是很谦虚。

牛顿为人类做出了那么大的贡献，还认为自己知道得少，作为一个平凡的人，更应该保持谦虚。保持谦虚的心态要比自吹自擂好得多。**一个真正深通处世之道的人，是不会自我吹嘘、自我炫耀的，你所取得的成绩，别人比你看得更清楚。**常怀谦虚之心，会多一分清醒，少一分陶醉；常怀谦虚之心，会多一分合作，少一分孤立；常怀谦虚之心，会多一分警惕，少一分危险。

魔力悄悄话

谦虚不是虚伪，更不是虚弱，而是低下头向别人学习。作为青少年，要时刻保持谦虚的心态，只有这样，你才能立足社会，你才会受到大家的欢迎，你才能更好地进步。

我还有很多要学

谦虚是上帝送给人们的净身之水。浩瀚星空,灿烂宇宙,人如此卑微,又怎么敢不向如此多的自然规律低头?

茫茫人海,众杰生辉,当今的,既往的,将来的,物理的,化学的,心理的,传播的,怎能不使人自惭形秽?

越高贵的人越谦虚

谦逊不仅是一种装饰品,也是美德的护卫。

人们所尊敬的是那些谦逊的人,而绝不会是那些爱慕虚荣和自夸的人,如果一个人喜欢自大自夸,看不起他人的工作,就会失去自己的功劳。

谦逊的人必爱好劳动,且具备坚定顽强的意志。因为脑力劳动是一种非常实际、清醒、而认真的劳动,这会使人变得更加谦逊。谦逊好比天平,人们可以通过它测出自己的分量。

谦逊的人对于别人的缺点或错误不会斤斤计较——假如这缺点或错误尚不足对社会产生危害。

这也应该是青少年严格要求自己时刻铭记的一句格言,因为,如果生活中每个青少年在要求别人的同时,体谅宽容别人微小的缺点或错误,那么生活就会轻松和谐。

青少年每天会遇到一些不愉快。主要原因是很多人都只对别人严格,对自己却很放任,正所谓"严以待人,宽以律己"。人与人之间为什么会产生那么多的争吵、冲突……不就是这个原因吗?

青少年只有将思维的触角绕开自己,眼光放长远,才能更健康、更顺利地走好每一步。

如果每前进一小步都要洋洋自得半天,那么,这种短暂的满足最后只能通向失败的深渊。

放低身段,才能吸取更多的智慧

谦逊是发自内心的,所以才会态度自然。谦逊是对宇宙以及社会规则之后的一种自知。

自知的人,为人必谦恭;自知的人,做事情必尽力。自知的人,能够做到以己度人;自知的人,会努力填补自身不足,负重前行。

一位丹青爱好者经历长途跋涉来到法门寺,向住持释圆和尚诉说:"我一心一意要学丹青,可至今没有找到一个满意的师傅,许多人都是徒有虚名,有的画技还不如我。"释圆和尚听了淡淡一笑,要求其现在画一把茶壶一个茶杯。

年轻人寥寥几笔就画完了,一把倾斜的茶壶正徐徐吐出一脉茶水来,源源不断地注入茶杯中,画得栩栩如生。没想到和尚说他画错了,应该把杯子布置在茶壶之上才是。年轻人说哪有杯子往茶壶里注水的。释圆哈哈大笑"原来你懂得这个道理啊!你渴望自己的杯子里能够注入那些丹青高手的香茗,但你总是将自己的杯子放得比那些茶壶还要高,香茗怎么注入你的杯子里?涧谷把自己放低,才能得到一脉流水;人只有把自己放低,才能吸取别人的智慧和经验。"年轻人听后恍然大悟。

的确,想要学到更多的东西,首先要把自己的架子放下来。新一代的青少年,不要再因为自己"懂了一点点"就开始骄傲,要想学到更多的东西,想要超越别人,就应该把自己放低,只有这样别人才会真心诚意地去帮助你。

谦虚——虚心竹有低头叶

"虚荣只是一张透明的外衣,自以为严实地包裹自己,别人却看得一清二楚"。

青少年要时时告诫自己要谦虚,不要因为得意而忘了形。

魔力悄悄话

把自己放低,用仰视的眼光去看世界,也许你会觉得自己很渺小,但是你可以看见自己的不足。把自己放低,不是太容易,但会让你发现天的大,海的阔,山的伟,水的阔!要知道谦逊是最高贵的情感。

谦虚是道德的根本

"上善若水"语出《老子》,"上善若水,水利万物而不争。"意思是说,最高境界的善行就像水的品性一样,泽被万物而不争名利。

先说厚德载物。什么是"德",其实很简单。帮助别人要求回报,叫做交易。帮助别人不要求回报,就叫作"德"。如果有很多人得到你的帮助,而你不要求回报,那你的德就厚了,就可以称作德高望重了。再说上善若水。上善是最好的,最好的处世方法就应该像水一样。水善利万物,也就是水给万物带来益处,而不争,争就是追求利益,所以水善利万物而不争就是说帮助别人而不求回报。

谦虚是人们良好的品德,是一个人的优秀品质,有了它,可以说对自己的学业会有许多的帮助。

谦虚好比是一盏灯。谦虚是人的心灵的展现,是照亮前进征途上的明灯,是我们生活中的去污剂。只要时刻保持谦虚的心态,就会看到自己的不足,看到别人的长处。在别人的长处中学到自己需要的东西,这里必须是谦虚做灯,只有这样才能静下心来学习,才会看到别人的长处。

谦虚就像是一张名片。一个谦虚的人,必定是一个虚心学习的人。这样的人说话和气,待人真诚,有礼貌,具有一定的亲和力。谦虚的人会容易与其他人打成一片,生活起来心情很舒畅。有了谦虚的心态,就会表现出一定的姿态。凡是谦虚之人,都有一个好的生活学习环境。有这样的名片在手,使人终身受益。

谦虚是一种气质的表现。谦虚的人,内心是平和的,表情也是平静的,没有丝毫的紧张,没有丝毫的失落。有的只是平稳镇静,让人有一种亲近的感觉,给人一种舒畅的味道。拥有这种气质的人到哪里都会受人喜欢,都会营造一个舒心的环境。

谦虚是人的一种品质。有这样的品质,会让人感到很易接近,也会产生共鸣,给人一个很轻松的体验。这种谦虚的品质是美丽的,也是受人尊敬的。

谦虚是一种很好的调节剂。对于有些事情表现得谦虚一点,好好听一听、看一看,或许事情就会出现转机。

魔力悄悄话

青少年不但要加强自己的修养,磨炼自己的性格,更好地融入这个社会,还要让自己拥有一个良好的心态,尤其是谦虚为人的心态,健康向上的性情进而塑造自己完美的人格。

第三章
虚己虚心，超越自我

　　自我修养如同开辟一畦良田，先前一定要下功夫去除杂草、乱石，也就是要先清理自己的心地。我们在人群中，哪一个人特别有才能呢？世间并没有一个特别能干的人，放大心胸来看，比我们贤能、有德的人比比皆是。

　　学无止境、德无止境，道也是无止境的；所以我们要时时刻刻自谦。一个人如果骄慢，一定会受人群排挤。因为自我骄慢的人，处处想与人一较高低，即会产生排除别人的心理；表现在日常的行为上，当然也会成为别人所排挤的对象。

花开无声，持心谦虚

天并没有自我吹嘘，却是那么高；李树不同人打招呼，而它的树下却会有条众人前来踩出的小路。为人只要真诚、谦虚，就能使别人感动。

做人要懂得谦虚之道

有一次孔子带着几个弟子到庙里去祭祀，刚进庙门就看见座位上放着一个引人注目的器，据说是一种盛酒的祭器。弟子们看了觉得新奇，提出很多疑问。孔子没有回答，却问寺庙里的人："请问您，这是什么器具啊？"守庙人见这人谦虚有礼，也恭敬地回答说："夫子，这是放在座位右边的器具呀！"于是孔子就仔细看着那器，口中不断重复念着："座右"、"座右"，然后回头对弟子们说："放在座位右边的器具，在它是空的时候是倾斜的，装一半水时，就会变正，而装满水就会倾覆。"听了老师的话，弟子们都很惊异，然后又看着那新奇的器。孔子猜出大家的心思，和蔼地问大家："你们有点不相信吧？咱们还是往里面倒点水试试吧！"说着弟子们就打来了水。往器里倒了一半的水时，那器具果然就正了。孔子又让弟子继续往器具里倒水，器具中刚装满了水的时候就倾倒了。孔子赶忙告诉他们："倾倒的原因是水满所导致啊！"

性格直率的子路率先发问："难道没法子让它不倾倒吗？"孔子深思了一会儿，语重心长地对大家说："世上绝顶聪明的人，应用持重（举动谨慎稳重）保持自己的聪明；想功誉天下的人，应用谦虚保持他的功劳；想勇敢无双的人，应用谨慎保持他的本领……这也就是说要用谦虚谨慎的办法来对待人生。"这个器具和孔子的这番话深深地打动了弟子们的心。

谦虚是一个智者的底气,智者的聪慧在于从聪慧中看到局限和缺欠。而对于青少年来说,更应该懂得谦虚之道。让谦虚变成你人生田地里一株低头的稻穗,剥开之后,才能发现早已充盈的果实。

魔力悄悄话

郑板桥有副对联说得好:"虚心竹有低头叶,傲骨梅无仰面花。"那些竹子,挺着身,虚着心,枝枝伸展,叶叶低垂,在月光下影影绰绰地印在地上,有一派"竹影扫阶尘不动"的意境。竹和梅,尚且知道虚心的力量,何况我们人呢?有时,低头也是一种气度,一种历练,一种智慧。虚心地向别人学习,才会成为笑到最后的人。

谦虚是向上的车轮

自古以来，我国人民就有谦虚的美德，人们有许多这方面的格言警句启迪后人。

事实上也是如此，没有一个人能够有骄傲的资本，因为任何一个人，即使他在某一方面的造诣很深，也不能够说他已经彻底精通，彻底研究全了。

苏东坡少年时才智过人，经常受人夸奖，便渐生傲气，就在自家门前写了一副对联：

识遍天下字

读尽人间书

有一天，一位老者来拜访，给了苏东坡一本书，向他请教几个生字。苏东坡接过一看，谁知第一行就读不下去了，越往下看，生字就越多，他不由得脸红了。老者笑吟吟地走了。于是，苏东坡就重新写了一副对联：

发愤识遍天下字

立志读尽人间书

看了这个故事后，我们不难看出做人一定要谦虚。做人要谦虚，不能骄傲自满，夜郎自大，否则将会铸成大错，令人追悔莫及。《醒世恒言》一书中冯梦龙先生说过"为人第一谦虚好，学问茫茫无尽期。"思虑再三，从中感悟谦虚做人的道理，受益匪浅。做人应谦恭下士，不矜不伐，屈高就下，善气迎人。

三国时刘备三顾茅庐请孔明，虽然布衣孔明一而再，再而三的有意躲避。但刘备始终表现出对诸葛先生的谦恭态度，使孔明深受感动而出茅庐，帮助刘备治国、平天下，最终形成三足鼎立的局势。从中我们能够看出刘备屈尊降贵，敬贤礼士的谦逊风格。

相反明朝李自成，攻克北京，推翻明王朝统治后，由于起义军领袖胜利时犯了骄傲的错误，致使起义最终失败。从中我们不难看出——成由谦逊败由骄傲的道理。正如宋人张咏所说"放荡功不遂，满盈身必灾"。

做人一定要谦盈，只有在谦虚的基础上自身才能不断进步，不断超越。其实，在现实生活中，也会有这样的人和事。我们不应该认为自己是最棒的。"天外有天，人外有人。"我们不应该因为别人不如自己而去轻视别人，鄙视别人。人各有所长，各有所短，都不是十全十美的，我们应虚心向他人请教，取他人之长，补自己之短，且接受别人的意见。无论什么时候都严格要求自己，取得更大的进步，争取做好每一件事情。说白了，就是只要谦虚一些，我们就会学到很多东西。

每个人都要养成一个虚怀若谷的胸怀。谦虚谨慎，戒骄戒躁，用有效的时间去探求更多的知识空间。谦虚使人进步，骄傲使人落后，这才是最平凡，而又最深刻的道理。

谦虚不仅是一种美德，更是一种人生的智慧，是一个建功立业的前提和基础。不论自己从事何种职业，担任什么职务，只有谦虚谨慎，才能保证不断进取的精神，才能增长更多的知识与才干，因为谦虚谨慎的品格，能够帮助你看到自己的差距，永不自满。谦虚可以使人能冷静地倾听他人的意见和批评，谨慎从事。

骄傲自大，满足现状，止步不前，主观武断，轻则个人受到损失，重则会使学业半途而废。

魔力悄悄话

谦虚是一种美德，是一种难能可贵的品质。谦虚谨慎的品格，还能使一个人面对成功荣誉时不骄傲，把它视为一种激励自己继续前进的力量，而不会陷在成功和荣誉的喜悦中不能自拔，把荣誉当成包袱背起来，沾沾自喜与一得之功，不再进取。

成功之路上的良友

　　谦虚和宽容这两个词语虽有不同的含义，但是又有相似相近的内涵。这种品质是每个青少年在生活中必须学习的，这是人们成功之路上的良友。世界上最宽阔的是海洋，比海洋更宽阔的是天空，而比天空更宽阔的是人的心灵。生活中青少年有了宽容，会让自己的心情更坦然、更幸福。

让宽容和谦虚与自己为伴

　　有这样一则小故事，正好说明了谦虚和宽容能够带领人走向成功。

　　一天，孔子带学生们到泗水游春。对着河水，孔子说："这河水遍养天地万物而没有自己的目的，堪称德；它总能顺理成章，有条不紊地从上往下流，近乎循序渐进的义理；它永远汹涌澎湃地流淌而不会枯竭，犹如天地间充满活力的各种物体本原；它从高处流向低处，发出各样的声音，好像是美妙无比的音乐；它发源于崇山峻岭，流经千沟万壑，却从无惧色，仿佛人的勇敢精神；它流入湖泊或池塘里，水面总是平的，如同人们应遵守的准绳；它能注满整个容器，却不高出之，显得谦虚、平等；它从很远的地方走来，又向遥远的地方流去，好像一个有大志向的人；它有时也走回头路，但经九折十弯，最终流入东海，很像一个处事灵活而又百折不挠的智者。"

　　这则故事告诉我们，水所拥有的宽容和谦虚的品质，正是它无往而不胜的法宝。

谦虚和宽容的真正含义

先来谈宽容。宽容并不意味着纵容，宽容也不是软弱，宽容是以退为进的战术，宽容是青少年身上一种坚强而有力前进精神的体现。对身边的人和事以宽容坦然的态度去对待，会使自己在前进的路上更快乐。

青少年在社会生活中，要讲宽容，要有博大胸怀，能容天下的万物，能容天下的万事。心胸宽阔苦恼少，心底无私天地宽，这样的心胸对自己的学习和成长是大有裨益的。

再来谈谦虚。谦虚也不是意味着虚伪，也不是让青少年向懦夫学习，而是以开放的心胸容纳别人，尊敬他人。**谦虚是自己的实力比别人强时和别人需要你的时候帮助别人。**

魔力悄悄话

在青少年日常生活中一定要学会宽容和谦让。因为宽容和谦让这朵奇葩会在人们的心灵深处受到熏陶、绽放，会使青少年的生活更快乐，也使青少年的明天更成功。

疏秽镇浮，一步一个脚印

伟大的人是决不会滥用他们的优点的，他们看出他们超过别人的地方，并且意识到这一点，然而绝不会因此就不谦虚。他们的过人之处越多，他们越认识到他们的不足。

青少年做人做事要懂得收敛，一步一个脚印地去走，千万不能做"整瓶不满半瓶逛"的人。当你学会收敛时，你会发现自己收获了很多。收敛了张狂，就会收获了沉稳；收敛了暴躁，就会收获了微笑；收敛了计较，就会收获了宽容；收敛了小聪明，就会收获了大智慧——在收敛中你将走得更远。

安静地走向成功

谦虚是一种良好的品质。在我们每个人的骨子里，都有这种美德。只是很多人美而不露，隐藏于心灵的深处，等待着人们去挖掘，去发现。

一个寺院里接纳了16岁的流浪儿，这个流浪儿大脑非常灵活，给人一种脚勤手快的感觉。流浪儿在寺院里剃发沐浴后，就成了寺院里的小弥。

法师一直很关照这个流浪儿的生活起居，同时苦口婆心、因势利导地教他为僧做人的一些基本常识。他接受和领会问题很快，又开始教他习字念书、诵读经文。也就是在这个时候，法师发现了小沙弥的一个很大的弱点——心浮气躁、骄傲自满。比如，他一旦领悟了某个禅理，就不厌其烦地向法师和其他的僧侣炫耀。更可笑的是，每当法师夸奖他几句，他马上就在众僧面前炫耀，甚至把别人都不放在眼里，自满得不可一世。

谦虚——虚心竹有低头叶

为了教育他，法师想了一个非常的方法。一天，法师把一盆含苞待放的夜来香送给这个小沙弥，让他在值更的时候，注意观察花的变化。

第二天一大早，还没等法师问他，他就欣喜若狂地抱着那盆花一路招摇地找上门来，当着众僧的面对法师说："您送给我的这盆花太奇妙了！它晚上开放，清香四溢、美不胜收，可一到早上，它便又收了它的香花芳蕊。"法师问小沙弥："它晚上开花的时候吵到你没有？"

"没有，它很安静。"小沙弥回答说，"它开放和闭合都是静悄悄的，怎么可能会吵到我呢？"

"哦，是这样啊。"法师以一种引导的口吻说，"老衲还以为花开时总会大声炫耀一番呢。"

小沙弥脸"唰"地一下就红了，意识到自己以前做错了。

深山愈幽，深水愈静。一个真正有学问、有道行的人，才会真正有成功和芬芳的人生。

魔力悄悄话

别林斯基曾说过："一切真正伟大的人，都是淳朴而谦逊的。"世上凡是有真才实学的人，凡是真正的伟人俊杰，无一不是虚怀若谷、谦逊谨慎。不做半瓶水摇的人是一种美德，也是青少年应学习的一种难能可贵的品质。

谦和是成长的有益菌

青少年想有一番作为，首先一定要有谦和的态度，因为态度决定一切。虚心地请教别人自己所遇到的难题，对自己的成长是很有益的。

大智者必谦和

愈谦和的人，其内在的芳香愈浓。

明代文学家、哲学家王守仁说："谦者众善之基，傲者众恶之魁。"意思是说，谦虚是善良的基础，骄傲是万恶之首。1964 年，一位名不见经传、远在新疆建设兵团农学院的年轻人郝天护给时任中国科学院力学研究所所长的钱学森写信，信中指出他新近发表的一篇力学论文中一个方程的推导有误，并提出了自己的纠正意见。钱学森收到信后立刻回信，承认自己粗心大意。后来又让这位青年将意见写成一篇短文，由钱学森推荐，发表在了《力学学报》上。从这件事上大家可以看到，钱学森是多么豁达，多么谦和。其实，钱学森为中国的国防科技事业做出巨大贡献，被称为中国"导弹之父"，怎能与他的虚怀若谷、豁达雅量没有关系呢？谦和一旦被认同而笃行之，便会深印在心扉上、融化在血液中，以至成为人们的一种自觉行为习惯，不以环境的变化而改变，不以获取名利为目的，始终如一。

在《易经》中有一句话说的是："谦谦君子，用涉大川，吉。"意思是说，谦而又谦的君子，得人心，得人之助，济险渡难，可以吉祥顺利地到达彼岸。谦和与高尚是近邻，谁越谦和，谁也就越接近高尚。谦和就像一件神奇的衣裳，谁穿上了它，谁就会变得更加俊美。谦和伴随着智者，智者必然谦和,这乃是传统之德、行为之道、处世之方！青少年应谨记！

与人交往要谦和

　　谦和应是青少年的思想和道德素养的集中外在表现,它包含对人的平等、公正、谦虚、尊重、礼貌等态度,是做人的基本品质。

　　谦和不仅是一种美德,更是社交成功的重要条件。在社交场合中,谦和表现为平易近人、热情大方、善于与人相处、乐于听取他人意见。谦和之人对周围的人具有很强的吸引力,有着较强的调整人际关系的能力。谦和教会人们怎样沟通与交往,让人们不因"自负"而"相轻";谦和教会人们怎样提升自己的内在品位,去赢得真正的敬佩与感激。谦和能显示出一个人虚怀若谷的胸襟。

　　青少年要学会谦和。人如果不谦和,就会变得自大,变得轻狂,变得很随意,对任何事都满不在乎,这对青少年的成长是十分不利的。然而,我们身边的骄横之气并不少见,这些人总能找到一两点长处作为骄横的资本。虽然骄横的态度能够暂时满足一些人不健康的心态,但其产生的恶劣影响,以及由此引发种种灾祸,会让其付出沉重的代价。

　　很多情况下,谦和是与人交往、避免狭隘嫉妒的良方,谦和的态度可以化敌为友,转危为安。**青少年以谦和的姿态,放下张狂的架势,以一种平等尊重的态度来对待身边的人与事,就会聚友情,厚底气。**

　　营造和谐的人际关系,需要青少年学会谦和。人只有保持自身的谦和,方能与众生构成相处的和谐。营造和谐的成功心态,需要青少年学会谦和。谦和是一种内外兼修的美。它会让人们内心更加平静,更能积极地探索知识的奥妙,更能集中精力去感悟人生;谦和会让人们在面对困难的时候,多一份理性,多一份执着和持守;谦和会让人们在面对成功的时候,多一些冷静,少一些轻狂自傲。总之,谦和是一个人走向成功的阶梯。

　　青少年要做到谦和待人,必须学会正确看待自己。我们要看到,一个人取得成绩,既有个人的努力,还有老师和家长的正确指导。如果看不到这些,就可能因此滋长骄傲自满情绪,自以为了不起,不把其他人放在眼里,就很难做到谦和待人。因此,青少年要时常反省自我,既要看到成绩,也要看到不足,多做一些自我剖析、自我反思,使自己在人生路上走得更稳。

魔力悄悄话

　　这里所讲的谦和并不是指过分的谦和、无原则的妥协和退让,更不是妄自菲薄。谦和是一种人生态度,是一种自我约束,是一种处世哲学,是一种良好的人生准则。唯有让谦和始终保持在心头,才能寻觅到生活、学习中无处不在的乐趣。

不做虚伪的谦虚者

不要让骄傲支配我们。由于骄傲,我们会在该同意的时候固执起来;由于骄傲,我们会拒绝有益的劝告和友好的帮助;而且,由于骄傲,我们会失掉很多朋友。

做到谦虚有"理"

谦虚是中华民族的优良传统美德。谦虚这么一种受人景仰的品质。

谦虚可以让我们永远把自己置于学习的地位,并可以发现别人身上的优点。但是,谦虚绝不是通常意义的客套与虚伪,也不是遇到工作时的退缩与推诿,更不是所谓的韬光养晦,深藏不露。如果自己有能力,就一定不要推迟,发挥自己最大的力量来完成自己的责任。

谦虚只不过是趋利避害而已。人,骨子里都有自重感。你的不谦虚将会刺伤别人的自重感。**人要是表现得谦虚,它就能赢得别人的好感;要是表现得不谦虚,那它遭人厌恶唾弃肯定也免不了了。**因此,我们要做一个谦虚者,做一个坦率的谦虚者。

谦虚到完美无缺

契诃夫的一句名言让人欣赏:"世界上有大狗也有小狗,小狗不应该因为大狗的存在而慌乱不安,所有的狗都要叫!"契诃夫把大作家比作大狗,把小作家比作小狗。他鼓励"小狗"们大胆创新,在文坛上发出有自己特色的叫声。"小狗也要大叫",说得多好啊,即风趣幽默又形象深刻,今天对我们仍有教益。小狗的叫声其实就是表现自己的最好的诠释。

"天生我才必有用!"我很欣赏李白的这一诗句。在生活的舞台上,我们应该始终充满自信,充分表现自己。大千世界,万事万物都在表现自己:星星用光芒表现自己,江河用流水表现自己,禽鸟用歌声表现自己,树木用绿叶表现自己……更何况我们人呢?

也许有人会说,如果你是一块金子,你有价值,总会被人发现,会被起用的,用不着自我表现。这话不错,但是如果能够通过自我表现让社会早些发现你的才能,这不比埋没多年以后而被社会发现更有用处吗?姜太公八十岁才入仕,这似乎很谦虚很体面,但实际上,这种体面的思想是对社会的极大不负责任,也是对人才的极大埋没与浪费。相反,我们倒应该为毛遂自荐唱支赞歌!

当然,提倡表现自己绝不是不知深浅的乱表现。因为在某小报发表了一两篇小诗,就叫嚣要征服中国的诗坛,要夺取诺贝尔文学奖。那自然滑稽可笑。尼采曾自诩过他是太阳,结果他疯了。所以最好是在认清自我能力的前提下再去表现自己。艾青的一首诗值得我们欣赏:"即使我们只是一根火柴,也要在关键时刻有一次闪耀;即使我们死后尸骨会腐烂,也要变成磷火在荒野中燃烧!"

诺贝尔是 19 世纪末的瑞典杰出化学家,一生贡献极大,但十分谦虚。一位瑞典出版商要出一部瑞典名人集,来找诺贝尔。诺贝尔有礼貌地回绝了。他说:"我喜欢订阅这本有价值、有趣味的书,但请您不要将我收入。我不知道我是否应当得到这种名望,不过我厌恶过分的辞藻。"诺贝尔的哥哥想编一部家族史,请他寄一份自传。诺贝尔写道:"阿道尔弗雷德·诺贝尔——他那可怜的生命,在呱呱坠地时,差点断送在一位仁慈的医生手里。主要的美德:保持指甲的干净,从不累及别人;主要的过错:终身不娶,脾气不佳,消化力差;仅有的一个希望:不要被人活埋;最大的罪恶:不敬财神;生平重要事:无。"哥哥反复劝说,并提出代为整理。诺贝尔执意不从。他说:"我不只是没有时间,最根本的原因是我不能写什么自传。在宇宙漩涡中,有恒河沙粒那么多的星球,而无足轻重的我们,有什么值得去写?"诺贝尔一生都谦虚好学,从不骄傲,他是一个坦率的谦虚者。他惊人的业绩与他不平凡的谦虚分不开。

魔力悄悄话

著名学者笛卡尔说过:"愈学习,愈发现自己的不足。"是啊,只有通过学习,不断扩大知识领域,扩充知识面,储蓄更多的信息,你才能真正领悟到"知也无涯"的深刻含义。这样你既不会妄自菲薄,也不会妄自尊大,做到谦逊成熟,不断进取,成功便不招自来。作为青少年,要深刻地理解其中的含义,做一名坦率的谦虚者,不卑不亢,做一个使人尊敬的谦虚的人。

第四章
弓满则折，月满则亏

　　心田中最容易陷于罪恶深渊的，莫过于高傲骄慢。所以我们一定要谦虚，将自高自大的心理赶紧收敛缩小。

　　你要小到能容进别人的眼里、走进别人的心里，常常会让别人的心中映有你的形象，却不会感到有所障碍。

　　若能做到这种程度，对人有敬重的心，自然自己也会成为被他人所尊敬的对象。

　　要求镜中人笑，要自己先笑；要求镜中人可爱，自己要先表现得可爱。

得意之时莫忘形

做人大忌，就是得意忘形。纵观历史，凡得意忘形者，均没有好下场。人生可以得意，但不能忘形。"弓满则折，月满则亏"，得意忘形者，最终伤害的会是自己。

石崇是西晋时期名震全国的富豪，他的富贵与奢华程度连当朝皇帝都自愧不如。他忘乎所以地炫富，满足了自己的虚荣心，却招来了嫉恨，最终命丧黄泉。石崇小的时候非常聪明，有勇有谋。他的父亲石苞在晋武帝时曾任大司马、骠骑将军。石苞去世之前，将家产分成了五份，分给了自己的五个儿子，唯独没有给小儿子石崇。他的夫人对此非常不满，石苞笑着回答说："这孩子虽然年幼，却善于敛财，将来他一定会靠自己拥有万贯家财。"石崇此后出任修武的县令，以才能闻名。知子莫若父，石崇做了荆州刺史后开始疯狂地敛财。他在荆州独霸一方，指使手下拦路抢劫来往客商，杀人敛财。靠着这种血腥的手段，他掠夺了无数的金银珠宝成了西晋最大的富豪。

石崇的府第规模宏大，连门窗上的丝绣都缀挂着金银珠宝。在石崇家做客，上厕所是件让人难为情的事。石崇为了显示他的富贵，就让女仆在自家的厕所中准备了昂贵的甲煎粉和沉香汁之类的香料，几十名貌美如花的婢女在一旁伺候。每次有客人从厕所中出来，就给他们换上新的衣服，弄得客人们非常尴尬，有时连厕所都不敢上。一次，出身贫寒的大臣刘定拜访石崇，结果在石崇家里迷了路，不小心走进了厕所。刘定一见屋中香气扑鼻，还有美丽的婢女侍奉左右，还以为是女眷的卧室，急忙退了出来。见到石崇后，刘定连忙道歉，石崇听了他的叙述后放声大笑，解释说那只是他家的厕所罢了。

此时的西晋除了石崇,晋武帝的舅父、将军王恺也都是名噪一时的富豪。他和石崇一样,万贯家财在手善心善行全无,一门心思就是如何炫耀斗富。王恺用粮食当柴火烧,石崇就用蜡烛烧饭;王恺用紫色的丝布在自家门口做成一道40里长的帷帐,石崇就用锦缎围成50里长;王恺用香料刷墙,石崇就用红色的胭脂涂壁。几次斗富下来,王恺总是棋差一招,无奈之下只好向自己的外甥求援。晋武帝听说了这件事,觉得实在有趣,就让王恺从皇宫内库中搬出了一株两尺高的珊瑚树。得意扬扬的王恺带着珊瑚树回到家里,接着派人请石崇和一大批官员上他家吃饭。宴席上,王恺把珊瑚树摆了出来让大家欣赏,众人见珊瑚树枝条匀称,色泽鲜艳,又高达两尺,都非常惊叹,纷纷恭喜王恺得到了这样的宝贝。一旁的石崇不但没和众人一样艳美,石崇不发一言返身回屋,返回时手里多了一柄铁如意。王恺正在纳闷,不提防石崇用铁如意向珊瑚树砸下来。随着一声清脆的响声,皇家奇珍击成数段。王恺看到自己的王牌宝物毁于一旦,当即暴跳如雷。石崇从容一笑,说了声"区区薄物,值得发那么大的火吗?我赔你损失还不成吗?"转身命人返家取出家藏珊瑚树任王恺挑选。家仆捧出的珊瑚树有几十株,高大的三四尺,次等的两三尺,似王恺所示的珊瑚树要算最次等的。周围的大臣都看呆了,王恺这才知道石崇家的财富比他不知多出多少倍,也只好认输。

就这样,石崇越来越骄奢无度,最终引来了别人嫉恨的目光。永康元年,掌握西晋朝廷大权的赵王司马伦听从了谋士孙秀的鼓动,不但派人抄了石崇的家,还将石崇全家处死。临刑前,石崇感慨地说道:"这帮人是贪图我家的财富啊!"行刑的刽子手对他说:"你既然知道这个道理,为什么不早点散尽家财,多都助别人呢?"

石崇的张扬和狂妄从本质上来讲就是过于以自我为中心,其内心所谋求的不过是一种虚荣心的满足。富贵之后就这样昏昏然被胜利冲昏了头脑,连皇帝都不放在眼里,忽略了潜在的玄机和危险,如果他低调行事或许还可以保全性命。对金钱的态度,实际上就是对人生的态度。

国父孙中山先生曾说过一则故事：一位刚刚得知自己中了大奖的乞丐，因其全部财产只有一根竹棍，为防止奖券遗失，他便把奖券藏在竹棍里。他心中一直为发财的事兴奋，实在是太得意了，心想今后不用再当乞丐了，还要这根讨饭用的竹棍做什么？一高兴便把竹棍扔到河里。当他想起奖券还藏在竹棍里的时候，不但钱已领不到，竹棍也弄丢了。本来，穷得只有一根竹棍了，因为得意忘形，结果连仅有的竹棍也失去了。

踌躇满志，春风得意是人人都向往的人生境界。春风得意之时为自己敲敲警钟，泼泼冷水，百利而无一害。越是得意之时，越要反躬自省，越要讲究低调，保持平常心，融入大众之中。

魔力悄悄话

在现实生活中，人们未得志时，往往是清醒而理性的。一旦志得意满，就会一叶障目，因一时的得意而忘乎所以，最终使自己陷入困境。得意之时要留存几许担忧、几许理智、几许谦虚，几许矜持，切莫忘乎所以，招人嫉恨不得善终。

满招损，谦受益

　　有一天，苏格拉底的弟子聚在一块儿聊天，一位出身富有的学生当着所有同学的面，夸耀他家在雅典附近拥有一片广大的田地。

　　当他吹嘘的时候，一直在旁边不动声色的苏格拉底拿出一张地图说："麻烦你指给我看，亚细亚在哪里？"

　　"这一大片全是。"学生指着地图得意扬扬地说。

　　"很好。那么，希腊在哪里？"苏格拉底又问。

　　学生好不容易在地图上找出一块儿来，和亚细亚相比，也实在是太微小了。

　　"雅典在哪儿？"苏格拉底又问。

　　"雅典，这个更小了，好像是在这儿。"学生指着一个小点说着。

　　最后，苏格拉底看着他说："现在，请你指给我看，你那块广大的田地在哪里呢？"

　　学生忙得满头大汗也找不到了，他的田地在地图上连个影子也没有。

　　他很尴尬地回答道："对不起，我找不到！"

　　苏格拉底用巧妙的方法指出了一个重要的人生道理：**天地之大，一个人拥有的再多也显得微不足道**，确实，一个人的本事再大，也不过是"**沧海一粟**"。"山外有山，人外有人。"我们应该以一颗谦卑的心来面对自己的成绩，而不是通过到处炫耀，来赢得他人尊重，谦虚，可以使人变得伟大。

　　谦逊是金，只有谦逊才能让你在工作和生活中保持不骄不躁的平和心态。一个真正懂得谦逊的人是一个真正积蓄力量的人，是一个智慧的人，谦虚让人受益无穷。

张良是汉高祖刘邦的重要谋臣，在他年轻时，曾有过这么一段故事。那时的张良还只是一名很普通的青年。

一天，他漫步来到一座桥上，对面走过来一个衣衫破旧的老头。那老头走到张良身边时，忽然脱下脚上的破鞋子并丢到桥下，并对张良说："去，把鞋给我捡回来！"

张良当时感到很奇怪也很生气，觉得老头是在侮辱自己。可是他又看到老头年岁已经很大了，便只好忍着气下桥给老头捡回了鞋子。谁知这老头得寸进尺，竟然把脚一伸，吩咐说："给我穿上！"张良更觉得奇怪，这老头简直是莫名其妙。

可尽管张良已很生气了，但他想了想，还是决定干脆帮忙帮到底，于是他还是跪下身来帮老头将鞋子穿上了。老头穿好鞋，踩踩脚，哈哈笑着扬长而去。

张良看着头也不回、连一声道谢都没有的老头的背影，正在纳闷，忽见老头转身又回来了。他对张良说："小伙子，我看你有深造的价值。这样吧，五天后的早上，你到这儿来等我。"张良深感玄妙，于是诚恳地跪拜说："谢谢老先生，晚生愿听先生指教。"第五天一大早，张良来到桥头，只见老头已经先在桥头等候。

见到张良，很生气地责备张良说："同老年人约会还迟到，这像什么话呢？"说完他就起身走了。走出几步，又回头对张良说："过五天早上再来吧。"

张良有些懊悔，可也只有等五天后再来。到第五天，天刚蒙蒙亮，张良就来到了桥上，可没料到，老人又先他而到。看见张良，老头这回可是声色俱厉地责骂道："为什么又迟到呢？实在是太不像话了！"说完，十分生气地一甩手就走了。临了依然丢下一句话："还是再过五天，你早早就来吧。"张良惭愧不已。

又过了五天，张良刚刚躺下睡了一会儿，还不到半夜，就摸黑赶到桥头。过了一会儿，老头来了，见张良早已在桥头等候，他满脸高兴地说："就应该这样啊！"

然后，老头从怀中掏出一本书来，交给张良说："读了这部书，你就可以帮助君王治国平天下了。"说完,老头飘然而去,张良还没回过神来,老头已没了踪影。

等到天亮,张良打开手中的书,他惊奇地发现自己得到的是《太公兵法》,这可是早已失传的极其珍贵的书呀,张良惊异不已。从此后,张良捧着《太公兵法》日夜攻读,勤奋钻研。后来真的成为大谋略家,并做了刘邦的得力助手,为汉王朝的建立立下了卓著功勋,名噪一时,功盖天下。

可见,谦虚才会使人进步,使人赢得机会。谦虚的人能够不断地反省自己的错误,加强自身的修养,宽容待人,所以能够成就一番事业。

一个骄傲的人总是在骄傲里毁灭了自己。人只要傲慢心一起来,就看不到自己身上的问题,自然就没有办法受教,总是处于盲目的优越感中,逐渐放松对自己的要求,就很难再成长。

张明自小就非常聪明,大学毕业后他被分配到一家国有企业做技术员。凭着自己的聪明能干,他很快成为企业工程估价部主任,专门估算各项工程所需的价款。他的工作能力毋庸置疑,但是他过于自负,从不肯接受别人的批评。

有一次,他的一项结算被一个核算员发现估算错了5万元,幸亏发现的及时,要不然公司白白损失一笔资金。事后,老板把他找来,指出他算错的地方,请他拿回去更正,并希望他做人谦虚一点,工作再细心一点。没想到盲目自大的张明既不肯认错,也不愿接受批评,反而大发牢骚,说那个核算员没有权利复核自己的估算,更没有权利越级报告。老板问他:"那么你的错误是确实存在的,是不是?"张明说:"是的,可是……"老板见他又要诡辩,本想发火,但因念他平时工作成绩不错,就原谅了他,只是叫他以后要注意。

不久,张明又被他的老板查出了错误。老板把他找来,准备和他好好谈谈这件事,可刚一开口,张明就想当然地认为是老板故意和他作对,态度傲慢地说:"不用多说了。我知道你还把上次那件事记在心上,这次特地请了专家查我的错误,借机报复。但这次我还是认为肯定没错。"

老板根本没想到张明不但死不认错，还随便怀疑自己，便对张明说："现在我只好请你另谋高就了，我们不能让一个不许大家指出他的错误、不肯接受别人批评和建议的人来损害公司的利益。"

我们应该吸取张明的教训，客观地看待自己的优势，同时还要认识到优势往往是和不足并存的。"三人行必有我师"对任何人，我们都应该保持谦虚的态度，在发挥自己优势的同时，学习他人的优点，努力弥补自己的不足，才能不断取得进步。

魔力悄悄话

古希腊哲学家苏格拉底曾说：谦虚是藏于土中甜美的根，所有崇高的美德由此发芽滋长。谦虚谨慎是一种美德，唯有谦虚才能得到他人的友善和关照，从而也为事业的成功打下了良好的基础。谦虚之人才会兢兢业业，从小处做起，严格要求自己，为事业打下通途。

谦虚的人一般不会得罪人

"虚怀若谷，谦虚谨慎"，这既是中华民族的传统美德，也是沟通交往的至理真言。人生在世，只有保持一颗谦虚的心才能不断进步，不断赢得别人的欣赏和支持！

孟德斯鸠曾经说过："谦虚是不可缺少的品德。"懂得谦虚的人往往能更加适应生活。

"美国之父"富兰克林在美国享有很高的声誉。在谈起自己的成功之道时，他说这一切都得益于一次拜访。

富兰克林年轻的时候，一位老前辈请他到一座低矮的小茅屋中见面。富兰克林意气风发地来了，他挺起胸膛，大步流星，一进门，突然"砰"的一声，额头重重地撞在门框上，顿时肿了起来。这疼痛让他哭笑不得，皱着眉头，闭着眼睛，不停地揉来揉去。老前辈看到他这副样子，笑着说："很疼是吧？但是你要知道，这是你今天最大的收获。一个人要想洞察世事，练达人情，就必须时刻记住低头。"老前辈的话，对富兰克林来说如当头棒喝，他把这次拜访当成一次悟道，并牢牢记住了老前辈的教导，把谦虚列为他一生的生活准则。

谦虚并不是自卑，也不是盲从，而是在实事求是的基础上，认真听取别人的意见，并耐心真诚地向别人寻求评价和指教。俗话说得好，"尺有所短，寸有所长"，每个人都有自己的优点，同时又有自己的不足。因此，在与人交往中，只有时刻保持谦虚的态度，才会让自己更受欢迎。

大师梅兰芳有一次在演出京剧《杀惜》时，赢得了一片喝彩。不过，在众多的叫好声中，他敏锐地听到有个老年观众说"不好"。梅兰芳来不及卸装更衣就用专车把这位老人接到家中。给老人奉上热茶，请他就座后，梅兰芳恭恭敬敬地对老人说："说我不好的人，是我的老师。先生说我不好，必有高见，定请赐教，学生决心亡羊补牢。"于是，老人认真地指出："阎惜姣上楼和下楼的台步，按梨园规定，应是上七下八，博士为何八上八下？"梅兰芳听后恍然大悟，连声称谢。以后，梅兰芳经常请这位老先生观看他演戏，并请他指正，尊他为"老师"。

梅兰芳大师虽然在京剧艺术上有很深的造诣，但仍然虚心求教，遇到别人的质疑常常认真思考，从不因为自己是大师而自傲，因此，他才能够成为真正的大师。

谦虚的人才会有丰富的内涵，并以个人的魅力赢得别人的尊敬，化解别人的忌恨。

小谷是二胡领域的天才，出道十年左右便赢得了国内的一片赞誉。人们一致认为他是国内水平最高的二胡演奏者，这让原来的第一演奏者、二胡资深专家大郎很是不满，于是，他找了个机会邀请小谷到自己家里切磋切磋。

小谷明白大郎是记恨自己超越了他，不过，他敬重大郎是自己的前辈，而且大郎在二胡方面也的确有很高的造诣。虽然小谷知道自己目前的水平确实比大郎要高，但是大郎德高望重，在国内有一定的权威，自己在他面前还是谦虚些好。于是，小谷一进大郎的家门，便恭恭敬敬地向大郎行了一礼："前辈好，让您久等了！"大郎看到小谷这么有礼貌，心中的不爽一下子消减了很多，于是，他邀小谷到客厅就座，饭菜端上来后，两人边吃边聊。大郎摆出一副长者的威严姿态，和小谷谈起了二胡，小谷虚心地听着，当大郎说到激情处时，他恰当地给予附和赞美，这让大郎很是受用。

饭后，大郎拿出二胡，让小谷表演一段，小谷恭敬地接过二胡，调整好状态，认真地表演起来。大郎在旁边认真地欣赏，慢慢被小谷优美的演奏所吸引，他情不自禁地拿起另一把二胡跟小谷合奏起来。

一曲罢了，两人相视一笑。大郎暗自欣赏小谷的实力，果然是名不虚传。更难得的是，小谷还这么谦虚有礼，想到自己竟然曾想"教训"他，大郎觉得有点惭愧。于是，他笑着跟小谷说："年轻人果然很有实力，以后，我们就是忘年交，有什么需要尽管找我，我在二胡界也认识几个人！"

小谷通过跟大郎的切磋，也发现自己有很多应该学习的地方，于是，欣然允诺。果然，通过以后频繁地跟大郎交往，小谷的水平越来越高，终于成为一代大师。

小谷面对大郎的"鸿门宴"，谦虚有礼，真心求教，最后不仅让大郎打消了"教训"自己的想法，还成功地跟大郎做了朋友，让自己的演奏水平不断提升。

魔力悄悄话

谦虚的人永远不会得罪人，时刻保持谦虚的态度，不仅能有效化解与人沟通中的障碍，还可能会有意想不到的收获和惊喜。

学无止境，不断成长

学习对每一个人都是重要的，对学生尤其重要。屈原曾讲，"路漫漫其修远兮，吾将上下而求索"，表达了自己的学习态度。学习可以获得新知，而知识可以塑造不同的人生。

对于学习，不同的人有着不同的态度。有人认为，虽然学有所成，但学习是永无止境的，应该继续学下去；有的人则认为，学到的东西只要够用就行了，能应付得了就行，他们宁可将时间花费在玩耍上，也不愿再继续学习，不愿意在学习上增加新的投入。

生活像一首歌，只有学习，才会发出悦耳的音乐；人生像一本书，只有读懂才会写出灿烂的辉煌；知识是一把钥匙，只有学会使用，才会探索出无穷的宝藏！

用学习升华生命价值

美国白宫曾进行了一系列的演讲，其中以科学为主题的演讲是《想象与变革——下一个千年的科学》。它的演讲者就是英国剑桥大学应用数学与理论物理系教授、"轮椅天才"斯蒂芬·霍金。他患有严重的残疾，双手只有3个手指能动。这个极度残疾和极度聪明的科学家成了这次不同寻常演讲的理想人选，外号叫"爱因斯坦"。

20世纪90年代，谈论宇宙学渐成一种时髦，宇宙大爆炸理论虽不是新的理论，但在公众心中却非常新颖。特别是谈到霍金，人们表现出了极大的兴趣，并称他是自爱因斯坦之后最好的物理学家。

谦虚——虚心竹有低头叶

霍金是英国人。在研究学习期间，霍金得了一种怪病，是一种运动神经细胞病。这种病使行为本来就不灵活的霍金更加笨拙，而且这种病迅速恶化。

霍金非常苦恼，以至于他认为自己活不了多久了。然而，霍金并未放弃正常人的工作学习和生活，而且他在这时结婚了，5年后他成了3个孩子的父亲。

患病的霍金依然如故，甚至更加勤奋。他曾梦到自己被处死了，由此他希望，"如果我被赦免，我还能做许多有价值的事"。他认为，"我要牺牲自己的生命来拯救其他人"，要做点儿善事，以回报社会对他的恩惠。

勤奋的工作使霍金取得了很大的成绩，他以黑洞的研究成名于物理学界。

研究黑洞举世瞩目，60年代，由于天文学的一系列新发现，激发了天体物理学的研究。霍金正逢其时，黑洞研究使他初露头角。霍金将热学引入黑洞的研究，这大大加深了对黑洞的认识。霍金在天体物理学研究上取得的成绩，使他获得了1978年的爱因斯坦奖。尽管身体残疾，他仍经常旅行、演讲、著述。

他的《时间简史》已发行几千万册，被译成40多种语言。由于霍金那富于传奇色彩的奋斗经历，他的《时间简史》还被搬上银幕。

人们看到了黑洞和基本粒子的画面，听着霍金敲打计算机键盘和计算机合成后的声音，人们为现代物理和宇宙理论的深奥所震慑，为人类的智慧所感叹，并且更加佩服霍金在承受巨大的痛苦时仍在攀登科学高峰所表现出的伟大精神。

霍金的努力最终得到了回报。他不但享誉物理学界，其精神也令世人敬佩，成了世人心目中的偶像。但这一切的一切都应追溯到霍金的努力和不放弃，他用学习书写了自己的人生。如果当初他被病魔打倒，就此中断自己在物理学上的研究，可能他永远都只能是一个普普通通的残疾人，没有任何成就，一生默默无闻。

社会上大多数人都比霍金幸运，有着健全的躯体，正常的行动能力，却总是在感叹人生的不公，一生毫无成就。西方有句话说，上帝给你关上了门，一定会给你打开另外一扇窗户。**在遇到任何事情时都要积极地思考，用学习来书写精彩人生，用学习升华生命价值。**

魔力悄悄话

　　人的一生都在追逐着知识，希望在知识的海洋里遨游。然而一个人的生命是有限的，而知识是无限的，人活着是为了认识事物，了解事物，创造事物。如果用学习来衡量一个人，中国古训中的一句话很适合："有志不在年少，无志枉活百岁"。作为青少年，要学会用知识来丰富自己的人生。

做个学习的淘金者

学习,让我们了解了宇宙的存在,生命的沿袭;学习,让我们了解到了我们视野所无法看到的世界;学习,也让我们的生活变得更加丰富多彩。

学习是在为自己积累财富,为自己的成功奠定基础。而好问是学习的一个表现,然而有的学生自我否定意识较强,有一种自己提不出问题的心理;也有的学生是怕别人的嘲笑,怕他们会说"这么简单的问题都不会";还有的学生在课堂上只靠老师讲解,做作业照套例题,认为没什么好问的,形成了懒于提问题的依赖心理,从而形成一种不习惯问为什么的思维定式。那么学习也就不会有什么新的突破。当你不懂的时候又不问,那你就永远不知道正确的答案是什么,就更不要说为自己积累财富了。

很多时候一个人的知识是有限的,总会有很多未知的东西,而且积累的知识就像一个圆圈,知道得越多,圆圈的面积就越大,随之而来的是不知道的东西也就越多,需要问的东西也就越多。纵观古今中外,滔滔历史长河中,你可以看到许多智者向你走来。他们一路走来的故事让人们感叹,让人们折服,深思之后,你是否也悟出了一个真理:学习是在为自己淘金。

好问是学习的良好开端

意大利伟大的物理学家、天文学家伽利略,他在力学上的贡献奠定了他在学术领域的地位,通过学习让世人了解到了自己。其实年少时的伽利略也无什么过人之处,但他有一个特点就是喜欢问老师问题,只要是自己了解不到的,都喜欢拿出来问清楚,很让老师头疼。也正因为他总是喜欢问些书本外的知识，对知识有着执着的向往，成就了他在力学上的业绩，建立了落体定律，发现了物体的惯性定律、摆振动的等时性、抛物运动规律，确定了伽利略原理，实现了自己人生的价值。

他在比萨大学读书期间，就非常好奇，也经常提出一些问题，比如"行星为什么不沿着直线前进"一类的问题。有的老师嫌他问题太多了，回答的时候就难免过于敷衍，但他从不在乎，不理会他人的看法，他觉得书本里还有许多自己所不了解的，自己对那充满了向往和憧憬，于是还是该问还问。有一次，伽利略得知数学家利奇来比萨游历，他就准备了许多问题去请教利奇。这一次可好了，老师诲人不倦，学生就没完没了地问。伽利略很快就学会了关于平面几何、立体几何等方面的知识，并且深入地掌握阿基米德的关于杠杆、浮体比重等理论。

美籍中国物理学家、诺贝尔奖获得者李政道先生说得好："打开一切科学的钥匙毫无疑问是问号。"因此，要想在学业上有所建树，必须有好奇之心，善问之意。

伽利略通过学习实现了自己的人生价值，为自己赢得了人生的财富。中国古代也讲究"勤学好问"，这是古往今来任何时候都不变的真理。能够意识到问题的存在是思维的起点，没有问题的思维是肤浅的思维、被动的思维，而思维活动在人的认识活动中占有重要的地位，只有开动大脑才能获得新知。**有人曾讲：好问的人，只做了五分钟的愚人；耻于发问的人，终身为愚人。可见学习还是在为自己谱写道路，奠定基础。**

学习为自己增加资本

自古就有"不吃苦中苦，难为人上人"的警句。读书是苦的，但历史上又有多少人是通过读书学习这条路成就自己的一生辉煌呢？无以计数，还有后来人前仆后继。古人云："书中自有颜如玉，书中自有黄金屋。"可见通过读书学习获得知识，为自己添资加本。宝剑锋从磨砺出，梅花香自苦寒来,说的也是这个道理。

学习可以优化人的心理素质。一个现代社会的新型人才,应该具备多方面的良好心理素质,如高尚的品德,超凡的气质,敬业的精神,目标专一的性格,以及坚忍不拔的意志等,这些都可以通过学习来达到。正如萨克雷所言:"读书能够开导灵魂,提高和强化人格,激发人们的美好志向,读书能够增长才智和陶冶心灵。"

魔力悄悄话

人的一生都在寻找,寻找真理,寻找快乐,也在寻找自己的人生,而学习就是获得这些的有效途径。

书中自有黄金屋

高尔基曾说过："**热爱书籍吧！书籍是知识的源泉，只有书籍才能解救人类，只有知识才能使我们变成精神上坚强的、真正的、有理性的人。唯有这种人能真诚地热爱人，尊重人的劳动，衷心地赞赏人类永不停息的伟大劳动所创造的最美好的成果。**"

阅读是一种从语言符号中取得意义的心理过程，是提高人的语文素质，吸收、贮存、使用信息的有效途径，学生通过自主阅读，形成自读能力，促进思维和意志品质及情感的发展，养成不断追求新知的自我学习习惯，储备人生的财富。

阅读是人类获取知识的主要途径，好的推荐书目和正确的阅读指导对健全心灵、提高青少年的素质有重大作用。

阅读是一种审美实践。从文本本身的角度看，读物是一个美的世界，其中包含了自然美、社会美和艺术美等方面的美学因素；从读者的角度看，在阅读美文和文学作品过程中，读者需要亲自经历审美感知、审美联想和想象、审美愉悦等一系列完整的审美心理活动，因而有助于形成和完善读者的审美情趣。

在阅读中，不仅丰富自己的精神世界，还陶冶了情操，储备了人生财富。

阅读可以开阔我们的视野

1879 年 3 月 14 日，一个小生命降生在德国的一个叫乌尔姆的小城。

父母为他起了一个很有希望的名字:阿尔伯特·爱因斯坦。看着他那可爱的模样,父母对他寄托了全部的期冀。然而,没过多久,父母就开始失望了。

从爱因斯坦的言谈举止上,他们发现爱因斯坦比一般孩子反应都要迟钝。在学校里,爱因斯坦也不受欢迎,因为他的笨影响了同班同学的整体成绩。

慢慢地,爱因斯坦开始不喜欢讲话,不喜欢和同伴们一起玩耍,他发现图书馆是一个好的去处,于是每天都到那里去报到。

在这里,爱因斯坦接触到了另一个世界,在知识的海洋里遨游。在这里,爱因斯坦开拓了自己的视野,结识了阿基米德、牛顿、笛卡尔、歌德、莫扎特……

书籍和知识为他开拓了一个更广阔的空间。视野开阔了,爱因斯坦头脑里思考的问题也就多了。

爱因斯坦通过课外阅读结识了许多伟人,在他们身上他了解到了另一个世界,他把书当作空气、阳光、水分,"扑在书上,像饥饿的人扑在面包上一样"。书就是他人生航途的食粮,给他提供了养分,给他精神支柱,也为他指明了前进的道路,使他最终成为蜚声世界的大师。

阅读可以陶冶情操

首先,青少年可以通过课外阅读认识中华文化的丰厚博大,吸收民族文化的精华;了解文化的历史脉络,关心当代文化生活;开阔文化视野,尊重多样文化形态;增长多方面的文化科学知识,广泛地汲取人类优秀文化的营养。

其次,青少年在阅读中可以受到科学的世界观、积极的人生态度、正确的价值观念的熏陶,受到高尚的道德情操、健康的审美情趣的濡染,从而提高自身的审美情趣、精神境界和文化品位。

此外，在阅读实践中，还会逐渐培植起热爱祖国语言文字的情感。总之，阅读是在搭建青少年整体的精神构架。有了这个精神底子和构架，在未来才会拥有一个严肃而美好的人生。

魔力悄悄话

现代学习节奏紧张、竞争激烈、内心压力和脑力劳动强度加大，课外读物为学生提供了追求个性、放松自我的氛围，从中可以获得精神的慰藉。阅读具有积极的功能，但青少年应有选择性地挑选读物。阅读不是随意浏览，而是有目的、有计划的阅读。

百尺竿头更进一步

谦虚是一种美德，是一种难能可贵的品德。

中国素称"礼仪之邦"。"礼"作为一种具体的行为来讲，就是指人们在待人接物时的文明举止，也就是现在所说的礼貌。而礼貌的本质是表示对别人的尊重和友善，这种心理需求，是超越时代的，是永存的。然而，一个人如果只懂得礼貌的形式，却没有谦让之心，那么，他不会真正懂得礼貌。谦让也是谦虚、平等的表现，是礼貌的重要内涵。

谦虚、礼貌包含着我们的祖先对自然文化的骄傲和自豪，是中国人之所以成为中国人的根本特征之一。自古以来，人们有许多这方面的格言警句启迪后人，如"谦受益，满招损"，"谦虚使人进步，骄傲使人落后"，"虚心竹有低头叶，傲骨梅无仰面花"，"百尺竿头，还要更进一步"。

春秋时期，孔子和他的学生们周游列国，宣传他们的政治主张。一天，他们驾车去晋国，一个孩子在路当中堆碎石瓦片玩，挡住了他们的去路。孔子说："你不该在路当中玩，挡住我们的车！"孩子指着地上说："老人家，您看这是什么？"孔子一看，是用碎石瓦片摆的一座城。孩子又说："您说，应该是城给车让路，还是车给城让路呢？"孔子被问住了。孔子觉得这孩子很懂得礼貌，便问："你叫什么？几岁啦？"孩子说："我叫项橐，7岁！"孔子对学生们说："项橐7岁懂礼，他可以做我的老师啊！"

事实上也是如此，没有一个人能够有骄傲的资本，因为任何一个人，即使他在某一方面的造诣很深，也不能够说明他已经彻底精通，彻底研究全了。**"生命有限，知识无穷"**，任何一门学问都是无穷无尽的海洋，都是无边

无际的天空。所以，谁也不能够认为自己已经达到了最高境界就停步不前、趾高气扬，如果是那样的话，必将很快被同行赶上，很快被后人超过。

爱因斯坦是20世纪世界上最伟大的科学家之一，然而，就是像他这样的伟人，还在有生之年中不断地学习、研究，活到老，学到老。有人去问爱因斯坦，说："您可谓是物理学界空前绝后的人物了，何必还要孜孜不倦地学习呢？何不舒舒服服地休息呢？"爱因斯坦并没有立即回答他这个问题，而是找来一支笔一张纸，在纸上画上一个大圆和一个小圆，对那位年轻人说："在目前的情况下，在物理学这个领域里可能是我比你懂得略多一些。正如你所知的是这个小圆，我所知的是这个大圆，然而整个物理学知识是无边无际的，对于小圆，它的周长小，即与不知领域的接触面小，它感受到自己未知的东西少；而大圆与外界接触的这一周长大，所以更感到自己未知的东西多，会更加努力地去探索。"

20世纪中国作家和文化先驱之一蔡元培先生曾有过这样一件轶事：一次伦敦举行中国名画展，组委会派人去南京和上海监督选取博物院的名画，蔡先生与林语堂都参与其事。法国汉学家伯希和自认是中国通，在巡行观览时滔滔不绝，不能自己。林语堂注意观察蔡先生的表情，他不表示赞同或反对意见，只是客气地低声说："是的，是的。"一脸平淡冷静的样子。后来伯希和若有所悟，闭口不言，面有惧色。林语堂后来在谈到蔡元培先生时还就伯希和一事感叹说："这是中国人的涵养反映外国人卖弄的一幅绝妙图画。"

谦虚，不仅应成为一种学习态度，更应该成为一种做人原则，所谓"谦谦君子，温润如玉"是也。在《易经》六十四卦里，再吉的卦也有不吉的爻，唯有"谦"卦六爻皆吉，这是为什么呢？《易传·谦·彖》对此有一个精妙的阐释："谦，尊而光，卑而不可逾。"把"卑而不可逾"译成一句白话，那就是：谦虚，是不可战胜的。

我们每个人都要塑造一种"虚怀若谷"的品质，都要有一种"谦虚谨慎、戒骄戒躁"的精神。用我们有限的生命时间去探求更多的知识空间吧！

人之本，谦是也

　　人生百态，世间万物，不同的生长环境，造就出截然不同的人。复杂的社会，事态的炎凉，每一个人都学会了用厚厚的外壳来掩饰自己。内心的鄙睨，不齿，表面却笑脸盈盈，大家都渐渐忘记了，我们的本性究竟是如何的？

　　身着名牌，开名车，住豪宅，这都是我们真的需要的吗？

　　鲍参翅肚，美酒佳酿，这都是我们的向往吗？

　　趾高气扬，不可一世，这就是我们的本性吗？

　　答案当然是无可置疑的，名牌名车豪宅，这一切的奢侈品都应该建立在稳定的生活基础上，不应该盲目追求，鲍参翅肚，美酒佳酿都只是过往云烟，云卷云舒。趾高气扬，不可一世，应是绝对抵制的。但在如今社会确实有那么一些人，把这一切作为自己炫耀的资本，头顶的光环。

　　这一切又有什么值得炫耀的呢？

　　又有多少人为了这空虚的物质，被弄得家破人亡。

　　这一切的一切都是虚荣在作怪，也许在她们的心中根本不知"谦"为何物？

　　"谦虚使人进步，骄傲使人落后"从小到大，挂在口边的名言，真正放在心里的又有多少？"满招损，谦受益"连孩童都懂的道理，为何大人始终不明白呢？人之本，谦是也。

　　只有正正经经的做好一个人，才有资格谈论别的事情。学习也是如此，只有学好知识，我们才能够在未来，施展抱负。那我们又该拿怎样的态度对待学习呢？答案仍是那个字——谦。倘若要说起最近最红的，莫过于莫言了吧！由诺贝尔文学奖掀起的莫言风席卷了全中国的书店。

　　由于诺贝尔文学奖严苛的规定——只给现今于世的人授奖。所以莫言应该是中国大陆第一位诺贝尔文学奖的获得者，这个重重的头衔并没有使莫言神魂颠倒。短暂的喜悦过后，莫言很快又投入了全新的创作当中，拒绝了所有媒体的采访与恭贺。

谦虚二字，不正体现在莫言的身上吗？

伟大的中国文豪鲁迅，与诺贝尔也极有渊源，当年，诺贝尔委员会成员与鲁迅洽谈时，被鲁迅断然拒绝，理由竟然是他认为自己不配，至此与诺贝尔文学奖失之交臂。在中国文坛上举足轻重的大文豪鲁迅都会认为自己不配，难道这不是谦虚嘛？对于学识作为，我们不就应该持敬仰谦虚的态度去对待吗？

魔力悄悄话

世界上有千千万万种人，但是我认为并且执着相信：人的本性就应该是谦虚的，只有谦虚，不卑微得人，才可以真正的在这个世上立足，获得属于他自己的一片天空……

第五章 别让自大伤了自己

"虚己""虚心"是很必要的心灵准备。我们活在这个实时供应、即影即有的时代中，心灵和思想无时无刻不被许多事物充满着。

"自助"和"自足"是人人追求的目标，人的心灵已被"现实"所充盈，越来越少"超现实"和"超物质"的空间了。

"虚心"是个空化自我心境的过程，是对超越物质，提升人生境界的准备。唯有通过"虚心"的历程，我们的心灵才会拥有一个体验"恩典""美善"和"亲情"的空间。

夜郎自大的教训

有很多青少年易沉醉在自己没有什么现实依据的自满中,从而不能准确地判断自己的实力,这样是很不可取的。适当地拥有自信会使青少年在前进的路上更勇敢,而盲目地自我陶醉只能成为一块人生的绊脚石。

关于夜郎自大的思考

夜郎国在汉朝是一个很小的独立国家,它的国土非常小,仅有汉朝的一个县那么大,这个国家物产的种类非常少,牲畜也不多。但是夜郎国的国王非常骄傲,他认为他所统治的国家很大,很富饶,汉朝的使臣来访问的时候,他竟不知天高地厚地问道:"汉朝和夜郎国相比哪个大呢?"

后来,人们把这个故事概括为"夜郎自大",这个成语比喻目光短浅、见识贫乏却又自高自大的人。青少年应从这样的故事中吸取教训。

夜郎自大的狂妄者总是过高地估计自己的实力,过低地估计别人的智能。他认为别人都不如他,自己永远都是正确的。有些人读了几本书,就自以为才高八斗,无人可比;有些人学了几套拳脚,就自以为武功高强,到处称大。这些狂妄者的人生往往是失败的。

夜郎自大的狂妄者认为自己行,所以不再有进取之心,不肯再学习新的知识和技能,而且听不见别人的意见,总是我行我素。

《三国演义》里有一个人叫祢衡,他是一个狂傲之士。第一次见曹操时，祢衡就把曹营中的文官武将贬得一文不值。他说别人不行，却认为自己是个能人，上可以致君尧舜、下可以配德于孔颜。当曹操录用他为打鼓更夫时，祢衡却不领情。他不但托病不见曹操，而且出言不逊，把曹操臭骂了一顿。祢衡又去见刘表、黄祖，依然是目中无人，见谁贬谁，仿佛普天之下只有他一个人是能人。最后他被黄祖砍了脑袋，死时仅26岁。

祢衡的死是意料之中的。他为人太傲慢，而且是一种"诞傲"，即不合情理、荒唐的傲慢。他如果能够自重一些，有一点自知之明和容人之量，在态度上肯让人，在言辞上肯饶人，就不会落得个如此悲惨的下场。这一点值得青少年为之警醒。

魔力悄悄话

过度的自大往往使青少年慵懒又自命不凡。真正的谦虚不需要嘴上的唯唯诺诺，更不是一味地妄自菲薄。真正的谦虚是发自内心的认真对待每一件微小和容易的事情，是发自内心的尊重每一个对手。在学习中不自以为是，以一个良好的心态对待学习，这对自己是大有裨益的。

目空一切往往不堪一击

目空一切的青少年在生活中往往不能正确地认识自己,对自己的能力盲目乐观,淡化生活中的困难和挫折。这样的人在生活里遇到困难往往是不堪一击。

青少年最忌志大才疏。很多人梦想着不劳而获,梦想着轻轻松松发大财,这种思想是不正确的。作为一个有抱负、有理想的青少年,应该学会从现在做起,从小事做起,而不是目空一切。

目空一切的人易失败

三国时期大将关羽重义气,忠心耿耿,勇猛过人,战功赫赫,被人们尊为关公。但他也有致命的弱点,目空一切,刚愎自用。刘备在成都自封为蜀汉皇帝,把荆襄九郡的军政大权交给关公,可是他目空一切,不听下属的正确建议,又把荆州这片战略要地给丢了,造成了很大的损失。

荆州历来是个大粮仓,屯兵养兵的宝地。周瑜就是为了争夺这块土地被诸葛亮"气死的"。孙权一直念念不忘要夺回荆州。东吴都督吕蒙想乘关公领兵围攻樊城之机夺取荆州,可是关公在沿江设了许多烽火台,遇有敌情,举火为号,关公立刻就回兵救援荆州。因此,想要取胜,必须利用关公目空一切的弱点。

吕蒙于是装病辞职,推荐没有名气的年轻将领陆逊当都督。陆逊上任后给关公写信、送礼,用极其崇敬的言辞赞美他,表现得非常谦卑。关公果然上当了,轻视陆逊,嘲笑孙权没见识,用个毛孩子当都督。他把荆州大部分兵马调到樊城前线与曹军大战，因自己的不屑一顾给了东吴可乘之机。

孙权马上任命吕蒙，统兵三万偷袭荆州。吕蒙将八十只大船伪装成商船队，靠近烽火台后。对守军说临时在这里停靠避风，又送很多金钱礼物，守军也上了当。夜晚，藏在船里的东吴将士悄悄上岸，活捉了烽火台的守军，带着这些俘虏长驱直入，来到了荆州城下，让俘虏叫开城门，东吴兵将一拥而入，轻而易举地占领了荆州城，取得了胜利。

这就是大意失荆州的故事。青少年在生活中也不要犯这样的错误。

目空一切是自我毁灭的先导。《左传》记载："骄而不亡者，未之有也。"《孝经》记载："居上而骄则亡。"为人太猖狂，必然会造成一个人的轻举妄动，大脑失去理性。一切不负责的狂人，做起事来往往是成事不足，败事有余。

目空一切会使自己变得很无知。《克雷洛夫寓言》中有一段颇具哲理的话："蠢才妄自尊大：他自鸣得意的，正好是受人讥笑奚落的短处，而且往往把应该引为奇耻大辱的事，大吹大擂。"一个人的狂妄来自他知识的贫困。井底之蛙不能全面地看世界，只认为自己是世界第一，看不到他人的进步，对他人的长处熟视无睹，对外来的东西采取排斥的态度。这种人永远得不到进步，使自己变得越来越无知。

总之，一个人如果目空一切，什么样的后果都会产生。对于青少年来说，一定要改掉目空一切、我行我素的不良风气，使自己走向优秀者的行列中。

魔力悄悄话

目空一切有很多的表现方式，但是它所带来的结果只有失败。作为青少年，在学习生活中要克服自己目空一切的缺点，让自己在以后的人生走得更顺利。

不要做井里的青蛙

"坐井观天"的故事家喻户晓，通常用来比喻某人的见识有限，眼光短浅，同时强调人们应该开阔思维、眼界放开，看问题要站得高，看得全面。青少年千万不要做一只井底之蛙。

不做井底之蛙

在一口废井里住着一只青蛙。有一天，青蛙在井边遇见了一只从东海来的大鳖。

青蛙自豪地对海鳖夸口说："你看，我住在这里是多么惬意呀！我要高兴就在井边跳跃游玩，累了就到井壁石洞里休息。有时可把身子舒服地泡在水里，有时能愉快地在稀泥中散散步。你看旁边的那些小虫、螃蟹和蝌蚪，它们有谁能比得上我呢！我独自占据这口废井，多么自由自在！你为什么不经常到井中观赏游玩呢？难道你没有住的地方吗？"

青蛙高谈阔论后，海鳖就想进入井中看看。可是，它的左脚还没有完全伸进去，右脚就被井栏给绊住了。

它只好后退几步，于是它把看到大海的情景告诉青蛙："你见过大海没有？海的广大，岂止千里；海的深度，何止千丈。古时候，十年里有九年闹水灾，海水并不会因此增多；八年里有七年闹旱灾，海水也不因为这样的现象而减少。大海不会受旱涝影响，住在一望无际的大海里，才是真正的快乐。"

井底之蛙听了海鳖的一番话，感到非常吃惊，再没有话可说了。

谦虚——虚心竹有低头叶

唐朝韩愈在《原道》中写道:"坐井而观天,日天小者,非天小也,"意思是说,坐在井里观察天空,就会觉得天很小很小。其实不然,不是天太小,那是由于看天的人站得低、眼光太窄的缘故。

这个故事是用来讽喻那些见识狭窄、短浅,而又盲目自大、不接受新事物的人。形容人的眼界狭小,所见有限。

青少年在生活中不要把自己看到的一个角落当作整个世界,要从这个寓言故事中得出智慧,让自己对生活抱有一份谦和的态度,这样会给自己的生活带来意想不到的转变。

眼界决定境界

一位学者说:"眼界决定境界。"此话非常有道理。所谓眼界,是指人们认识客观事物的广度;所谓境界,是指人的思想、情操所达到的程度或层次。

站得高才能看得远,看得远才能做得好。眼界越宽广,境界就越高,这就是"眼界决定境界"的含义。

人的思想境界基于对世界上客观事物的理解与认知,表达的是其精神追求和人生价值取向,并蕴含在其待人接物的各种行为之中。日常生活中,人们常常通过某人在处理复杂利益关系中的表现,来评价他的思想境界。通常情况下,道德高尚的人都拥有崇高的境界。

境界与眼界的关系是紧密相联的。人们用"井底之蛙"比喻眼界狭窄,用追求"蝇头小利"比喻境界低微,用翱翔于万里长空之上的雄鹰比喻目光远大、志向高远,这些语句所表达的,正是眼界对境界的意义。

没有开阔的眼界,就很难拥有崇高的境界。低的眼界,注定只有低境界。

一位20多岁的年轻人,几年来一直在上海的某家具厂做油漆工,每月待遇2000多元。油漆含有苯和甲醛等严重危害健康的化学物质,亲人和朋友都劝他不要做了，于是他就辞职不干了。

后来，他在媒体上看到养黄粉虫赚钱的消息，就准备回家养黄粉虫，他家住在山清水秀的湖北农村，有很多空地和空房屋。为此他还专门征求了专家的意见，专家表示赞同。

可是没过几天，他又悄无声息地去上海找工作了，原因仅仅是，他认为100多斤的幼虫，他无法从上海运回湖北，就这样放弃了。

回到上海后，他找过好几份工作，均由于工资低于2000元而不愿意干。

半年时间过去了，由于他没有办法向家人交代，又重回到家具厂做油漆工，继续拿着那份他眼中的高工资。

一个人要想达到崇高的境界，必须有开阔的眼界，可以说眼界是境界的前提。

史蒂芬·霍金是现代最著名的卢卡斯数学教授。1963年，霍金被诊断患上肌肉萎缩性脊髓侧索硬化症，此后便长期被禁锢在一把轮椅上。然而，他是一个眼界开阔、心胸豁达的人，他的思想和视线邀游到广袤的时空，解开了宇宙之谜，成为当代最重要的广义相对论和宇宙论专家，成为享有国际盛誉的伟人之一。

如果没有放眼宇宙的眼界，霍金怎会坐在轮椅上探究到黑洞的奥秘？霍金最欣赏《哈姆雷特》中的一句话："即使把我放进一个核桃壳里，我也要做自己拥有无限空间的国王。"他以这句话作为自己著作的书名，出版了《果壳里的宇宙》一书。正是非凡的眼界，使霍金成了历史上举足轻重、英名永存的人物。

眼界影响着一个人的境界。放开眼界对于升华境界有着非常重要的意义。

有价值的人生就是不断追求高境界的人生。而要追求高境界的人生，没有开阔的眼界是做不到的。那么，开阔的视野从何处来呢？**左宗棠说得好："读破万卷，神交古人。"**通过加强学习来拓宽视野，超越自我，是当今时代对每个青少年的呼唤！

谦虚——虚心竹有低头叶

愿每个青少年都能站得高一点,看得远一点,眼界开阔一点,不断提升自己做人的境界。同时,源自开阔眼界的高境界,可以转化为激励和推动人们不断进取的精神力量。这种精神力量会使青少年受用无穷。

魔力悄悄话

一个人的生存环境决定着他的思想认识。只有开阔眼界,才能够使思想解放。如果把自己看到的一个角落当作整个世界,把自己知道的一点点知识看作人类文化的总和,得到的往往是闭关自守、孤陋寡闻的结果。所以,对于任何事情,青少年都要进行全方位思考、研究,只有这样,才会成为生活的最大受益者。

妄自尊大是人生的倒退

"妄自尊大只不过是无知的假面具而已。"这句话很形象地说明了妄自尊大给青少年带来的危害,不自知的人才会妄自尊大而不能进步。

青少年贵有自知之明,能够在生活和学习中认识到自己的不足而去学习。往往无知的人会妄自尊大,对生活没有一点谦虚之心,这样对自己的成长进步是很不利的。

在人生中我们要学会寻找快乐也要学会享受孤独,要多参悟老祖宗留下的至理名言,在人生巅峰时千万别妄自尊大,在人生低谷时也决不可妄自菲薄,手头宽裕时可以多做一些善事,生活拮据时千万别做伤天害理的缺德事。

面对人生,其实我们可以做的事情很少,我们想要主宰自己的人生,唯一可以做的事情就是往前走,继续往前走,永远往前走,千万别想到向后转,因为,你的后面根本就已经无路可退。

人生是无法重装的系统,是无法重启的程序,是无法修改的指令,是无法删除的记忆。在我们短暂的人生中,可能会遇到风花雪月,也可能会遇到风霜严寒,可能会看到春江花月,也可能会看到寸草不生;可能会欣赏到一路风景,也可能会面对伤心欲绝。所有的这一切都是我们人生的痕迹,是我们无法替换的唯一。

逝去的就永远也无法再回头,因此,我们要珍惜每一天的太阳升起,我们要珍惜每一次的偶然相遇,我们要认真地活在当下,珍惜眼前,尽量别在自己的人生中留下终身无法弥补的遗憾。

在我们与众不同的人生中,可以是精彩绝伦的也可以是平淡无奇的,可以是贵气逼人的也可以是平庸贫贱的,可以是辉煌闪烁的也可以是暗淡无光的,但是,所有的人生都是一样的,都是单向行驶的,我们别无选择,因此,当我们行进在拥挤不堪的单行线上时,只有活得精彩才是最理想的答案。

每个青少年都身处一定的社会关系里,都扮演着不同的社会角色。在自己的生活中,如何看待自我,善待自我,确立正确的奋斗目标,是每个青少年都特别关注的人生课题。

在人生中,青少年不应妄自尊大,小进即满,这样一来只会表现出自己的无知。青少年应做好自己的事情,一步一步踏踏实实地过好每一天。

青少年懂得平凡,就应该找准自身定位,正确把握自我。找准自身定位就是从真实的自我出发,客观地去认识、把握和评估自我,既要看到自己的优势和长处,同时也要认清自身的缺点和不足。

青少年要认清自我并非易事。正确评价自我要对自己有清醒的认识,还要善于听取别人的意见,尤其是不同意见,可作为认清自我的良鉴。能否真正认清自我,关系到自己的学习进步。

魔力悄悄话

古人云:非淡泊无以明志,非宁静无以致远。海纳百川有容乃大,壁立千仞无欲则刚。青少年只有不妄自尊大刻苦学习,才能明理明志,开拓胸襟,开阔眼界。风物长宜放眼量,才能远离无知。青少年应从一件件看似微不足道的小事做起,抛弃妄自尊大的缺点默默进步,就会成就一番不平凡的未来。

远离妄自尊大的深坑

在同样的生活中,为什么有的青少年能够取得成功,有的人只能在原地踏步? 引起这个现象的原因就有妄自尊大这一因素。妄自尊大是青少年前进的绊脚石,青少年一定要远离妄自尊大。

搬掉"妄自尊大"这个绊脚石

妄自尊大的青少年常常以自我为中心。所谓自我中心,是指为人处世总是以自己的需要和兴趣为出发点,从不顾及他人的想法。具体表现为固执己见,盲目地坚持个人的意见;很少关心他人,与他人关系疏远,不能和睦相处;只注重自己利益的得失,从不去考虑他人的利益。通常,凡事都妄自尊大的人是不会快乐的,在学习上也是很难进步的。

妄自尊大的青少年在学校很不受同学欢迎,他们身上有任性、散漫、唯我独尊的缺点,并且他们的行为倾向于自私自利,心胸狭窄。

事实上,青少年偶尔地表现出妄自尊大是人之常情,是无害的。然而,妄自尊大一旦成为一个人稳定的人格特征,则会给自己的生活和学习带来很多的不利。

那么,青少年在生活中应怎么去克服妄自尊大的缺点呢?

首先,青少年要克服妄自尊大的自我,就要多虚心向别人学习。建议可以通过换位思考的方法,站在别人的角度去考虑问题,多发现别人的优点,学会别人的长处,从日常生活中点滴进步。

其次,青少年要学会宽容,不要凡事都是别人的不对,懂得认同别人。

生活中每个人都有自己的智慧,青少年要时刻多观察别人的长处,博采众长,以让自己在生活中更进步。

　　第三,青少年在生活中要加强自我修养,充分认识到"妄自尊大"的危害,学会控制自我。去爱别人,去接纳别人长处,积极地学习,树立崇高的信仰。生活的海洋浩渺无垠,色彩斑斓。有时令自己愉悦欢快,振奋不已,有时却使人烦恼苦闷,难以自拔,有时又会让人恋恋不舍,怡情陶醉,真可谓酸、甜、苦、辣应有尽有。然而,要想很好地驾驭生活,成为自己命运的主宰者,就必须具有良好而健康的心理,而健康的心理来自日常的心理保健与修养。青少年在日常生活中一定要以一个良好谦虚的心态学习,远离妄自尊大。

魔力悄悄话

　　突破"妄自尊大",其关键在于改变自己的认识。要认识到"妄自尊大"是一种不成熟的心理特征。一个健康的人随着年龄增长,必须从最初的认同自我到逐步的认同他人。要使自己成为一个真正明智的人,必须不断地主动去接触外界,了解外界,主动向别人学习,获得他人的长处,丰富自己的内心世界,提高自己的学识。

我们不过是沧海一粟

一个人真正伟大之处就在于他能够认识到自己的渺小。如果自身伟大，任何东西你都不会觉得渺小。

在偌大的世界里，一个人只是茫茫宇宙间的一粒细沙，所以，古人总是感叹生命的短暂和渺小。一个人，无论是幸福的或是痛苦的，在大千世界之中都是非常渺小的，我们曾经耗费我们毕生所奋斗的，在世界看来是十分微不足道的，可是在自己看来却难如上青天。同样，我们所取得的任何成就，在宇宙之中更是微不足道，所以，我们每一个人都应该时刻记住自己永远是"渺小的"。

人越伟大，越发现自己的渺小

相反，知识渊博的人反而越谦虚。爱因斯坦谦虚的态度非常令人钦佩，爱因斯坦每天的自我提醒内容是："我每天上百次地提醒自己，我的精神生活和物质生活都依靠别人（包括活着的人和死去的人）的劳动，我必须尽力以同样的分量报偿我领受了的和至今还在领受着的东西，我强烈地向往着俭朴的生活，并且常为感觉自己占有了同胞们过多的劳动而难以忍受。"相信这是爱因斯坦的肺腑之言，因为真正的伟人做出的事情越多，就看得越清楚：还有更多的事情没有做。

骄傲自大的人，必难吸收有用之物，相对于宇宙万物，人是很微小的。世界之大，个人的所作所为都是渺小的。人生有涯而学海无涯，一个人不管知识多么渊博，也不过是沧海一粟。保罗说："一个人的真正伟大之处就在于他能够认识到自己的渺小。"其实，当一个人获得了小小的成就而沾沾自喜、自以为是的时候，他也就从此停止不前，离成功越来越远了；当一个人深受别人景仰的时能够以一种淡然的心情去对待，那么，他脚下的路也必然会越走越宽。对于青少年来说，也要抱着这样一种态度去做人做事。

魔力悄悄话

　　作为青少年，千万不要因为自己一时的成绩而自吹自擂；不要因为自己稍有进步就自高自大，不知天高地厚；更不要因为别人对自己的表扬，而忘了东西南北。生活中，需要你掌握和学习的还很多，人越成功，就要越谦虚，感觉到自己的渺小，才能让自己不断强大。

自大让人盲目

自大容易让人盲目，因为自大的人很难从客观的角度看待他人的言行。自大往往和无知与失败联系在一起，人自大就会招人反感，自然也很难得到周围人的赏识与认可。这样的人又怎么会在学习上，生活中有更加长足的发展呢？

不做自大的人

露露是一只有幻想、有抱负，但又自大的猫，有一次，露露把花盆砸碎了，非但没道歉，还说："那算不了什么，我是猫，昨天晚上，我一伸手就抓了十三只耗子。"露露看见两只蝴蝶，便拼命地追了起来，可自以为是的它却被蝴蝶给甩了，并让它扑了几个空。露露看见蝴蝶飞走了，很不甘心，妄想自己可以有一对飞上天的翅膀，便美美地做起了梦。它梦见了一只漂亮的红蝴蝶在飞舞，却被它扑上去吃了，美美地饱餐了一顿。梦中露露还在骂老鼠，真是改不了本性。露露的梦醒了，它自豪地唱起了歌。它一向瞧不起鸭子，鸭子对它笑嘻嘻的，可它却不知好歹地板起了脸。还在河边叫鸭子的绰号，在它的得意和自大中，一条鱼游了过来，咬住了它的尾巴，吓的露露甩起自己的尾巴，急急忙忙地跑回了家。这就是露露骄傲自大的下场。

这个故事虽然很简单，但是也深刻地说明了骄傲自大者的下场。在我们的生活中，也有许多这样的人，有自大的心理，自以为很了不起，结果到了考试的时候,却一问三不知。还有一些自大的人,知道自己的缺点却不知悔改。自大往往会使我们后退,因此青少年千万不要因为一点点的成绩就自以为了不起,自大往往会让我们盲目而不知所措。

坦然承认自己的无知

一个过于自大的人,把自己太当回事的人,往往最令人厌恶。

一个人有多大的能力,别人都看在眼里,不用自己吹来吹去的。如果过于自大,往往会给别人留下笑柄。人们常说:"天不言自高,地不言自厚。"自大有时候反而暴露了自己内心的虚弱,过分表现自己也是怕别人看到自己的缺点,怕别人看不起自己。

传说著名思想家孔子在去齐国的途中,遇见两个小孩子正在激烈争论太阳的远近。一个说早上太阳温暖,中午太阳烫人,所以太阳早上远中午近;另一个说,早上的太阳大得像篷盖,中午小得像菜盘,所以太阳早上近,中午远。他们请孔子评理,孔子想不出谁对谁错,只好老实承认自己回答不了这个问题。

自大者渴望吸引他人的注意,不理会别人刻意采取的行动,他们自然就会觉得不快乐。因为这种人缺乏自信,需要靠外界的羡慕与赞美来肯定自己。青少年必须明白这种行为是错误的,要努力使自己远离自大。

魔力悄悄话

青少年不能因为自大而变得盲从,而是要保持一颗虚心学习的心态。因为自大的结果只会使我们走向失败,努力学习自己还不知道的,巩固自己已经知道的,永远保持一颗积极进取的心态,就定能走得更远,一定能实现目标。

第六章
事皆有度，过犹不及

自古以来，人们都把"虚心使人进步，骄傲使人落后"作为至理箴言，要做到高而不危，满而不溢，才能真正地走向成功。

为人处世要讲求谦让有礼，但是也要注意谦让的分寸，因为过分的谦让会让人产生虚伪的感觉。"谦受益，满招损。"

不要因为取得了小小的成绩就认为自己不可一世，其实处处都是学问，你所知道仅仅是九牛一毛，大海里的一滴水而已，因此，学会谦虚才能得到真经。

过谦之人，使人笑之

切莫轻信过度谦虚的人，尤其是摆出讽刺他自己的态度时，更不能骤然相信。因为这种谦虚的背后，大都隐藏了强烈的虚荣心和功名心。

现代社会要求青少年要做到"温、良、恭、俭、让"，即做个"谦谦君子"。为人处世要谦和、谦让、谦恭、谦逊、谦虚，一言以蔽之，就是要保持相当的低调，与世无争。因为"木秀于林风必摧之""出头的椽子先烂""枪打出头鸟"等。所以，做什么事情都要把握一个"度"，过谦会失去自己个性和风格，往往会让人小看，甚至葬送自己的尊严。在有些情况下，在别人面前过于自谦，非但不会得到好评，而且还极有可能自讨麻烦。

一个外国朋友到某知识分子家做客，见到某夫人后就按外国习俗不住地夸其夫人长得漂亮，翻译就对该知识分子说："客人称赞你夫人长得漂亮。"知识分子谦虚道："哪里，哪里，过奖了。"翻译又对客人说："他问哪里，哪里？"客人一愣，心想："还需夸得这么具体吗？"于是就说，"五官长得都漂亮。"又如，老赵作报告，他谦虚地说："同志们，我水平低，讲话零零碎碎，像羊拉屎。"下面的听众顿时哄堂大笑，他接着又说："不合大家的胃口，请多多包涵。"下面听众一听，个个目瞪口呆。

过谦的话语或行为在无意中抬高了他人，降低了自己。过谦之人在交往中往往会被对方所笑话。面对别人的称赞，与其要憋着自己的情绪，还不如高高兴兴、大大方方地接受，没有人会说你是虚伪的。

在交往中，因为人和人之间不了解，所以要善于宣传和推广自己。其实，这跟自吹自擂不是一码事儿。因为在交往过程中，青少年对自己进行

谦虚——虚心竹有低头叶

适当的表扬、肯定、推荐是必要的。**切莫做过谦之人，到了该表现自己的时候，也绝不要因为"谦虚"而推迟，要大大方方地展现自己的优势。**

过谦的人要学会肯定自我

有的时候谦虚不仅是自己一个人的问题，还会产生连锁效应影响到别人。德国哲学家叔本华讲了一句话："伟大就是伟大，不凡就是不凡，实在没有必要过分地自我贬低。"

青少年在交往的过程中"切莫过谦"，要肯定自我。肯定自我是自信的表现，是展现实力的要求，是一种光明正大的做法。这一点在交往中被视为是一个人自尊、自爱的维护和表现。比如人家问你："学习好不好？"如果你不行就别吹嘘，如果确实还行，就应该明讲："我的学习还行，我的学习很棒。"

魔力悄悄话

青少年在交往过程中涉及自我评价时，过分地谦虚只会招到他人的反感，我们虽然不应该自吹自擂、自我标榜、一味抬高自己，但也不要妄自菲薄、自我贬低、自轻自贱、过度谦虚客套。青少年要用新的处世方法来肯定自我，完善自我。

谦之美德，过谦有诈

想要成功吗？刻苦修炼你的真本事是一个方面，另一个方面就是——切勿过分谦虚！过谦者，必有诈。

过度谦虚，赶跑自己发燕尾服的机会

宋佳是外语学院英语专业的一名应届毕业生。毕业将临之际，通过朋友的介绍，他去一家设在北京的美国公司应聘。在最初的几个环节上，宋佳凭着自己丰富的专业知识，过关斩将，很快就胜过了其他几名竞争对手。可是，出其意料的是，在原本对宋佳很感兴趣的公司总经理对他进行面试的时候，他竟然因为一句自己时常挂在嘴边的自谦词，而痛失良机，遭到淘汰。当时，那家美国公司的总经理询问宋佳："你的交际能力怎么样？"宋佳谦虚地回答道："不怎么样，很一般。"对方接着又问："如果我们录用了你，你认为自己可以胜任这份工作吗？"宋佳的回答是："我觉得还行，能凑合吧。"不妨来分析一下：宋佳当时讲自己的交际能力"不怎么样，很一般"，那么人家为什么不再挑一个交际能力更强一点的人呢？人家问宋佳能不能"胜任这份工作"，答以"觉得还行，能凑合吧"，显得也很是勉强，并且还使对方对自己产生了缺乏实力和自信的不良印象。其实，宋佳当时如果这样回答第一个问题："我有很强的交际能力，我对此充满了自信。"这样回答第二个问题："我想我非常适合做这项工作，而且只有我才能更好地为贵公司做好这项工作。"那么，那份工作大概就非他莫属了。

事实证明,过分谦虚,不敢正面肯定或评价自己的做法,很难为别人所认可。

在许多情况下,在他人面前过于自谦,非但不会得到好评,而且还极有可能自讨麻烦。

谦虚得当,不卑不亢

刘明参加外国人的一个宴会,而且是"主宾"。客人跟他打招呼说:"刘先生,您这身西装很帅呀!"刘明回答说:"我认为我这身西装确实不错。这身西装是意大利胡利奥的。"这样一说,就显得刘明比较体面,既不失大礼,也提高了自己的品位。

在交往的过程中,有必要对自己的所作所为进行评价时,语言要得体,要切记"不必过谦"原则,并将其付诸行动。在与朋友交往时,特别要注意这一点。

1. 谦虚得当,不卑不亢。会使人感到你为人诚实。如果过分地自谦、客套,弄不好就会给人以虚伪、做作的感觉。肯定自己,实际上对于自己也是一种尊重。

2. 谦虚得当,不卑不亢。会使人感到你充满自信。因为不敢正面评价自己的人,通常会使人对其产生缺乏自信的印象。

3. 谦虚得当,不卑不亢。会使人感到你光明正大。如果不跟对方见外,不将交往对象视为外人,而是真正接纳对方、坦诚相见的话,显然就应该这样做。

"谦虚"其实也是一种处世态度,是与人交流时的一种态度。与人交流首先要明白交流的目的。要学习他人时,态度必须谦虚——真实地展现自己的无知,暴露自己的短人之处,掩盖自己长人之处。这才可以做到"取他人之长补己之短";他人学习你的时候,就不要太谦虚——真实地告诉他人自己会的、懂的。这会因此结出诚实的情谊果实,也因此受到尊重。

哪些场合不必自谦

尽管谦虚是一种美德，但不要过分谦虚，有礼貌地说声"谢谢"是最好的回复，因为人与人的想法是不同的，不能用自己的观点来应对，否则就会造成误会。

"不必自谦"原则可以应用于以下情况：

1. 当朋友赞美自己时，一定要记住落落大方地道上一声："谢谢"。这么做，既表现了自己的自信，也是为了接纳对方。在此刻，我们没有必要因此而羞羞答答，也不必假客气，说什么"哪里，哪里"！

2. 当有人夸奖自己的学习成绩时，同样要大大方方予以认可。千万不要小里小气，一再极力对此进行不必要的否认。

3. 当进行自我介绍，或者对自己的学习、生活进行介绍时，要敢于并且善于实话实说。对于自己确实存在的长处，要正面说明，并勇于认可，不可坐等对方主动找上门来发现自己的优点和长处。不敢肯定自己，不会宣传自己，往往会造成自己交往困难。

4. 当自己同朋友交往时，一旦涉及自己正在忙什么、干什么的时候，无论如何都不要脱口而出，说自己在"瞎忙"，"混日子"。那样的话，倒真是有可能被对方看作是不务正业之人。

魔力悄悄话

青少年在与人处世方面要做到谦虚得当，适当地肯定自己的长处，不要事事都谦虚谨慎，该展现自己优势的时候就要肯定自己，当然需要谦虚时也绝不要吹嘘自己。这样发扬谦之美德，不做过谦之人，才能表现出青少年谦虚有度、不卑不亢的完美人格和文化精神。

自谦，也需要智慧

聪明睿智，守之以愚；功被天下，守之以让；勇力振世，守之以怯；富有四海，守之以谦。

我国古代著名的学者孔子说："知道就是知道，不知道就是不知道，这才是聪明人的正确态度。"聪明人既能看到自己的不足，不自以为是，又能看到他人的长处，虚心向一切人学习。

谦虚得当，受人尊敬

刘邦率兵驻扎高阳时的一天，他传见郦食其。当郦食其急匆匆地来到刘邦的住所时，刘邦正惬意地靠床坐着，由两个侍女给他洗脚。郦食其见刘邦对自己这样轻慢，心里很不高兴，只微微拱手为礼，并不下跪，说："大王，你是想帮助秦国进攻诸侯呢，还是想率领诸侯攻打秦国？"刘邦见郦食其不但不行大礼，还提出这样的问题，不禁大怒。郦食其正色说道："大王既然决心聚合人马，联合义军讨伐强秦，就不应该如此轻慢长者。"刘邦听郦食其这样一说，心中一震，感到自己确实不应该这样接见贤者。于是急忙揩脚穿鞋，正衣整冠，从床上起来，屏退侍女，恭恭敬敬地请郦食其上坐，感谢他的提醒。刘邦能改正自己的错误，这本身就是一种谦虚。刘邦的这种谦虚的品德，不但赢得了郦食其的尊重，而且赢得了许多人的佩服，因此，在他周围聚集了大批的人才，如张良、萧何、韩信等。正是在这些人的帮助下，刘邦才得以成就了帝业。

反观项羽，尽管有"力拔山兮气盖世"的英雄气概，势力也远远大于刘邦，但他"自矜功伐，奋其私智而不师古"（《史记·项羽本纪》），骄傲自大，刚愎自用，事事但凭一己之勇，不肯听从部下的意见，以致许多有才能的人如陈平、韩信、英布等，都离楚归汉，甚至连他唯一的谋臣范增也被逼走，最终只落得个四面楚歌，兵败垓下，自刎而死。

对于青少年来说也是同样的道理。在做事情时要考虑得当，即不要因为过分的谦让使人生厌，也不要因为骄傲自大而受人凌辱。做到谦虚得当，才能得到众人的尊敬和认可。

做一个真正谦虚的人

做人要保持谦虚的态度，不能自作聪明，不要以为自己比别人多一点智慧。谦虚的目的并不是使我们觉得自己很渺小，而是为了更好地了解自己。成功的人都是谦虚的人，他们能给自己一个准确的定位。那么，怎样成为谦虚的人呢？具体如下：

1. 要严于律己，诚以待人。

2. 了解自己所需，了解他人所需。

3. 保持自我的本色，不要随波逐流。

4. 提高聆听与学习的能力。

5. 建立自我的内在价值感，忠于这份情感。

6. 建立心灵的平和，不浮躁。

7. 寻求新境界、新目标，并付诸行动。

谦虚有很多种，真正的谦虚不是谁都有资格享有它的。以下几种人就不是谦虚的表现：

1. 胸无大志的人，即使诚恳地说："我这人没有志向。"这不叫谦虚，只能叫坦率，这种坦率有时让人觉得是在叹息。

2. 毫无才识的人，即使极认真地说："我这人没什么本事。"这不叫谦虚，只能叫实在，这种实在有时让人觉得是在自责。

3. 主席台上，正式发言之前来一句："我水平有限。"这不叫谦虚，只能叫客套，这种客套有时让人感觉是一种身份的炫耀。

4. 辩论场上，微笑着对对手说："我的意见可能不太成熟。"这不叫谦虚，只能叫挑战，这种挑战是一种以退为进的宣示。

5. 在机遇面前犹豫不决、左右为难嗫嚅："我不知道该怎么办。"这不叫谦虚，只能叫哀鸣，这种哀鸣除了显示无能为力外，便是在患得患失间不知所措。

6. 困境之中难做决断，跌倒后爬起乱了方寸："看来我是真的顶不住了。"这不叫谦虚，只能叫无奈，这种无奈表明了穷途末路的到来。

魔力悄悄话

但愿青少年能拥有"聪慧、善良、博大"，并最终拥有"谦虚"，做一个真正"谦虚的人"。青少年要时时警告自己一句：学会谦虚，首先要学会学习，只有努力地学习，才能学会谦虚。

谦虚者的魅力

谦虚是一种力量。它能够使人获得信任，获得爱戴，获得尊重。正如柴斯特菲尔德所言："如果你想受到赞美，就用谦虚作诱饵吧。"这句话就证明了谦虚是一种崇高的人格魅力。

越是谦虚的人，人们越是喜欢找他的优点；相反，越是认为自己了不起的人，人们越是瞧不起他。这就是谦虚的魅力。

谦虚是一种魅力

晋周是晋襄公的重孙。可是他生不逢时。因为晋献公宠信骊姬，所以周朝的公子大多都遭受迫害。虽然晋周没有当太子的条件，更无望当太子，但是他还是性命难保。

为了保全性命，晋周到了周朝。当时的晋国可谓是一个大国，晋国的公子在周朝都是趾高气扬，名声很不好。但是晋周却完全没有一副贵公子样，行为举止都很谦恭有礼。

到晋国以后，他跟随单襄公学习。单襄公是周朝有名的大臣，学问渊博，待人宽厚而又严厉，是周天子和各国诸侯王都很尊敬的人，晋周很高兴能跟着他，希望能跟着单襄公好好学习，以成长为有用的人才。单襄公对晋周可谓是喜爱有加，总是称赞他德行好。

单襄公外出和各位王公见面的时候，晋周总是紧随其后。单襄公与大臣们商议政事的时候，晋周向来都是规矩地站在单襄公后面，有时一站就是好几个时辰，但是他从未有不悦的神情。那些大臣们都夸奖晋周站有站相,坐有坐相,是一个难得的恭谦的君子。当单襄公有空闲时间时,晋周也经常向单襄公请教。他讲的都是关于仁义忠信智勇的事情,而且说话很有分寸,很谦虚。

晋周虽然身在周朝,但是仍然十分关心晋国的情况。有些人就不解地问他:"晋国都没有你的容身之地了,你为何还这么挂念呢?"晋周说:"晋国是我的祖国,是有人容不下我,但不是祖国对不起我。我是晋的公子,晋国对我来说就像母亲一样。我怎能不关心?"

晋周在周朝的那些年,从来没有不合礼数的言谈和举止。周朝的大臣都认为晋周将来一定能够做晋国的国君。单襄公临终时,对他儿子说:"你要好好对待晋周啊,晋周举止谦虚有礼,今后一定会做晋国的国君。"

后来,晋国的国君死了,大家就都拥护远在他方的晋周回来做国君。于是,晋周就成了历史上的晋悼公。

晋周是一个毫无条件做太子的人,但是他却以谦虚的美德,争得了国内外所有人的拥护,从而当上了国君。由此可见,谦虚的力量是多么巨大。

在日常的生活和学习中,青少年也要努力做一个谦虚的人。不论你想要取得什么样的成功,谦虚都是必要的品质。在你达到成功的顶峰之后,你会发现谦虚是十分重要的。因为只有谦虚的人,才能获得智慧,才能得到更多的支持和帮助。

谦虚有度乃为人处世之良方

老子曾经跟随商容学习礼仪。有一天,老师商容生病了,于是老子前去探望,并且想借探望之机再向老师讨教。商容见他如此爱学习,就进一步去启发他。商容张开自己的嘴巴给老子看,并且问道:"我的舌头还在吧?""是的,还在。"老子回答道。"那么我的牙齿呢?"商容又问。"没有了。""你知道我问这个问题的深意所在吗?"老子说:"老师,您的年岁大了,所以牙齿逐渐脱落。舌头之所以存在,是因为它很柔软;牙齿之所以落尽，是因为它过于刚强。"听了他的回答，商容非常高兴。他说："是的，你的理解很正确，舌头因柔软而长存，牙齿因为过于刚强所以早早脱落。这个道理不仅仅适用于牙齿，天下万事万物也同样如此啊！"回去之后，老子不停地琢磨"舌存齿亡"的人生哲理。他顿悟：守礼最重要的是要谦卑，决不自我炫耀。一个人如果自以为是，盛气凌人，表现出一种刚强不可一世的逼人态势，结果反而使人畏而不服，甚至树敌太多，因而很容易导致失败或者灭亡。

这则故事其实也告诉我们：**为人处世一定要谦虚，不要锋芒毕露**。谦虚是优秀人格的必备要素。在生活中，谦虚的人往往能够虚怀若谷，顾全大局，尊重他人，团结协作，遵纪守法，严以律己。其原因是，在胜利、顺境、成绩面前，谦虚犹如一个冷静的使者，它教人自省自问，与心灵对话，适时敲响"别骄傲、勿放纵"的警钟。而骄横跋扈者常常好大喜功，寸利必得，目中无人，唯我独尊，狭隘浅薄，自吹自擂。由此不难看出，谦虚的人崇尚善和美，而骄傲的人则反之。

谦虚的人不会去刻意地表现自我，也不会与人发生无谓的争执，他们尊重所有的人，所以就能够和所有人和谐共处。太过自我表现的人，往往都有着极强的自卑心理，生怕被人轻视。殊不知，越是这样表现，才越容易被人轻视。即使你很有才华，在别人的心目中也会被看低，甚至一文不值。所以，青少年要学会以谦虚的精神、诚恳的态度去做人做事。

魔力悄悄话

大海之所以能够容纳那么多的海水，就是因为它摆低了自己的位置。人生又何尝不是这样呢？青少年要学会时常保持一颗谦虚的心，这样可以让你的周围充满友爱，可以让你的人生道路多一份欣赏，少一份指责，多一份顺利，少一份坎坷。所以，青少年要努力去做一个魅力的谦虚者。

过谦者，人必疑

做人要公正，因为公平能维系着人类；做人要和善，因为慷慨暖人心窝；做人要宽厚，因为你周围的人跟你一样脆弱；做人要谦逊，因为你的傲慢会伤害每一个人的自爱心。

谦虚是一种美德，是进取和成功的必要前提。但是过分谦虚变成了虚伪，就会让人产生怀疑。

谦虚过头，让人起疑

高伟就职于一家公司，无论是对自己的工作岗位还是对环境，都很满意，甚至觉得是众所向往之所在。因此，他内心就格外珍惜，一再告诫自己要"谦虚谨慎，戒骄戒躁"。高伟总是处处小心，事事让着，"夹着尾巴做人"，从不与别人争论，怕有失谦和；从不与别人争功，怕有失谦让；从不畅所欲言，怕有失谦逊；从不坚持己见，怕有失谦虚。结果时间一长，给人的感觉就是唯唯诺诺，软弱无能。因此，公司里无论是谁都指使、指责、训斥他，也许这正应了那句"马善被人骑，人善被人欺"。因为过谦使高伟放不开手脚，甚至有时候觉得有点"低三下四"，总死记着"三人行必有我师"这一教诲，却忘了自己也是在"三人"之列。过谦的行为无意中抬高了他人，降低了自己。

其实，过谦会让人感觉你没有实力，没有能力，是底气不足的表现。如果你处处表现得很强势，很理直气壮，很会据理力争，一般人往往就会"另眼相看"，甚至会"刮目相看"。在很多人的眼里，过谦的人就是窝囊废，软弱的人就是无能。

高伟的经历让我们明白：自认为正确的、是自己该得到的，就要敢于坚持自己，就要据理力争，不要谦让，更不要客气。因为现代社会是一个张扬的时代，是一个需要充分展现个性的时代。如果在不应当谦让的时候谦让了，对不应该谦让的人谦让了，反而会损害自己的权力和尊严。

《圣经》中说："凡高举自己的必被贬抑，凡贬抑自己的必被高举。"这句话可能会给我们一些安慰。但是，如果对方是个无知的、无理的、没有一点教养的人，你再谦和、谦让、谦恭，也是"对牛弹琴"，不会赢得任何尊重，只能助长他人的傲慢、傲气。

作为一名青少年，要学会坚持己见，不要因为别人的意见，而不敢表明自己的想法，要坚持自己独特的看法。在做事情时，要善于发挥自己的长处，不要躲躲闪闪，让别人对自己指指点点。这样只会把自己的地位降得更低，反而不利于自己的成长。

魔力悄悄话

对于青少年来说，要勇于肯定自己。过谦的人，是不受欢迎的人；过谦的人，容易让人产生怀疑；过谦的人，应该是不敢肯定自己和表现自己的人。青少年不应该做这样的人，只要是你觉得对的事情，就要勇于承认，勇于表扬自己，发扬自己的长处。

谦虚也要看情况而定

任何事情都要强调一个"度"。谦虚也不例外。谦虚要分场合、分时候。该谦虚时要谦虚,该出手时要出手。绝不能一味的谦虚。

谦虚是中华民族的传统美德。骄傲自大,盛气凌人固不可取。但过分的谦虚会使人觉得你是在摆架子;还有可能会被人认为你没能力、没本事,并因此而看轻你。而不同场合和时候是否要谦虚也无定式,所以,谦虚也要看具体情况。

某些求职场合"谦虚"要不得

求职者在参加应聘面试时,谦虚除在内资企业可能还行得通外,在外商投资企业往往就行不通了,它也往往会成为求职应聘失败的主要原因。

前面举了一个宋佳的例子,这里不妨再举一例:

尹乐是某名牌大学工业自动化专业的毕业生,在开发区一家美资企业应聘面试动力设备部经理助理时,公司面试官问他:"你觉得你能胜任你应聘的职位吗?"尹乐谦虚地答道:"现在我还谈不上能胜任,但我可以多向领导和老员工们请教,把工作的过程当作学习的过程,努力积累经验,争取胜任该职。"

当面试官把他带他到生产车间进行实地参观的时候,尹乐表现出了惊讶,说:"哇,这么先进的设备,我还从没有见过呢,如果我能应聘上,一定好好学习,钻研这些先进设备和技术,希望公司能给我一个学习的机会。"就因为尹乐的这些谦虚话，他应聘失败。公司面试官对他说："我们招聘的是能胜任本职位工作的人才，要能立即派上用场，而不是招收培训生。"从面试官的话语中，尹乐恍然大悟，但是为时已晚。

实际上，尹乐是名牌大学的高才生，专业知识和技术功底扎实，在实习时也接触过类似的先进设备，完全有能力胜任那家美资企业动力设备部经理助理一职。只不过尹乐受"做人要谦虚"这一传统美德的熏陶较深，本意是用谦虚给面试官留下好的印象，结果却弄巧成拙了。

从尹乐的案例我们不难看出，求职者在应聘面试的时候不可过于谦虚，而应实事求是，有多少才能、能否胜任应聘的职位以及其他工作，都应如实地表达出来，行就说行，过于谦虚、客气，老外就不吃这一套。对于求职者的谦虚之辞，他们会当真，会认为你真的无能。

我们可以站在招聘方的立场来想一想，求职者既然羞羞答答不能肯定自己是否能胜任所应聘的职位，那为什么还要来应聘呢？从外企招聘每个职位员工的要求来看，他们需要的是有自信和才能胜任所应聘的职位、并能为公司创造利润的人，他们不可能招人到公司去学技术。因此，求职者应聘外企，一定要充满自信，充分地展示自己的才能，表现自己完全能胜任所应聘的职位，从而取得外企考官的信任，实现自己的求职就业愿望，青少年早晚要经历类似的场面，因而提早了解面试中"卑"和"亢"的辩证关系便具有了一定重要性。

谦虚也要看地域文化、时代差异

因为地域文化差异的存在，导致人们对谦虚的真假标准也不同。中国人给人看文章常加上一句"拙作，请赐教。"如果真的翻译成 pleasecriticise my stupid work. 在英美人看来会觉奇怪，既然自己都觉得如此不济，又何以拿出示人？电影《赤壁》中，金城武饰演的诸葛亮口头禅有一句"略懂"，如在外企对自己的外籍老板常说：I know little aboutthis, I know little about that. 那么老板便会相信你说的话，而你丢饭碗，那只是迟早的事。

英美人对于赞扬之辞，如"James，you look wonderful today！"会这样回答："Oh，really，thanks，thafs my Sunday dress（the best suit he hasin his closet）。"而中国人的思路往往回答："no，no，no，you are not al—lowed to see（不见得）。"或"where，where（哪里，哪里）"。

我们不能断言这种差异是好还是坏，并不能说中国人的谦虚是一种虚伪，因为如果一个人整天说"我衣服真好""我太帅了""我这方面很在行"，那在国人看来会是极其肤浅和狂妄的，而你也必将遭到众人的嫌恶和排斥。

谦虚与否除了要事先了解地域差异，了解具体的时代差异也很有必要。

或许现代的生活节奏，容不得你过度谦虚，李开复说："不要谦虚，把你杰出的地方写在最前面。"

虽然李开复深受国外文化影响，而对中国大学生来说，在现代这个大部分靠效率和真本领说话的时代（是大部分），如果把求职简历写得谦虚，明明有 8 分却写做 5 成，也不是明智之举。所以，谦虚二字要有，但要分场合、看时代、看对象。

但差异之外还有一点共同之处，即过分吹牛，是所有人所不齿的。所以，谦虚的前提，或者为人的根本，是真诚。对人，对己。

魔力悄悄话

我们应该辩证地看待谦虚和骄傲的关系。比如说，一个人具有很谨慎的态度，然后取得了令人骄傲的成绩，那么他可以骄傲，骄傲可以给他带来更大的自信心，因此很可能带来更大的进步。谦虚，太过于谦虚了就很可能起相反的效果。谦虚和骄傲都应该在自己心里有一个分层，不能太过于谦虚，也不能过于骄傲。

谨防谦虚成为过度谦虚

在当今社会，我们该"谦虚有度，自信要足"。青少年时期也是人际交往的初级阶段，每个人都希望别人能与自己诚心交往。对于青少年来说，把握好谦虚的度尤为重要。

我们在平时应该把握谦虚的分寸，千万不要把作为美德的谦虚变成为过度谦虚。谦虚有度，乃为一种智慧。

谦虚过度等于自贬

这里有一个寓言故事：

水牛爷爷是森林世界公认的谦虚人物，深受大家尊重。小白兔夸它："水牛爷爷的劲儿最大了！"小山羊夸它："水牛爷爷贡献最多！"它就说："哎，不能这样讲了，奶牛吃下的是草，挤出的是奶，它的贡献比我多。"大家听过这话，就更加尊重水牛爷爷了。这话传到狐狸耳朵后，他很羡慕水牛爷爷谦虚的美名。它想："我也来谦虚一下吧。这谦虚太好学了。"它暗想："水牛爷爷的谦虚不就是两点吗？一是把自己什么都说小点；二是把自己什么都说少点。对！就是这样！"误解就这样形成了。一天，狐狸在散步时遇到一只小老鼠。小老鼠看到狐狸那条火红蓬松的大尾巴，不禁发出了由衷的赞美。"哎，过奖了。你们老鼠的尾巴比我大多了。""啊，什么？"小老鼠大吃一惊："你长那么长的四条腿，却拖根比我小的尾巴？"狐狸谦虚地说："哎，不能这么讲，我哪有四条腿，三条了，三条了。"小老鼠以为狐狸神经出了问题,吓得赶忙逃走了。结果怎样呢? 狐狸的谦虚没有换来美名,倒换来一大堆谣言。大家说:"唉,森林里出了一只妖狐狸,只有三条腿,拖着比老鼠还小的尾巴……"

谦虚是中华民族的传统美德。对此美德,确实应该大力提倡。尤其在我们建设和谐社会的时期,更应该鼓励青少年们学会谦虚。但是过度谦虚会让每个人都感到很不舒服。

你也会经常遇到这样的情况:本来想向某个人讨教一个很简单的问题,前提是他有解决这个问题的能力。但是他很谦虚,把自己的能力说得很低。

你肯定会觉得这个人很虚伪,甚至可能怀疑他是故意不帮你这个忙,因此,青少年们要极力摈弃这样的过度谦虚。

谦虚须有度,否则、将被人认为不诚

有这样一个人,起先事业发展平平,然而几年后,他取得了不错的成就。于是,他的一些朋友诚心设宴为他庆贺。

在聚会的席间,朋友们仍平等待彼此,但是都聚焦于他,期待分享他的成功经验和喜悦。

他举起酒杯,屋内鸦雀无声,众目睽睽。他对他的弟兄们说:"不足挂齿,不过是一点小成绩。"

他的弟兄们因为是仰慕而来,他的一番话让众人很不自在,大家只感到隔阂和距离,席间气氛渐渐冷了下来,而日后,他的朋友也渐渐疏远了她。

这就是"谦虚"的结果。像这样的场合,是需要加深情谊的,某君的"谦虚"是一种拒绝,让人感到冰冷。

我们常看到大领导面前的小人物,看到他们"奴颜屈膝"的举动。在他们低眉顺眼的时候，难道没想过：自己就没有一点长处么？那些大人物在受用这些"恭维"时，怎么就看不到虚伪？为了生存，有时人们难免要顺应一些东西并改变自己。但是，对于青少年来说，这绝不是值得倡导的生存方式。

虽然我们自古以来就这般活着，并在这样的处世哲学下模糊了"谦虚"和"自信"的概念。青少年对于此，要多加深思，努力避免这种不良的风气影响到自己。

要学习他人时，态度必须谦虚——真实地展现自己的无知，露自己的短处，掩盖自己长处。这样才可以做到"取他之长补己之短"；他人学习你的时候，就不要太谦虚——真实地告诉他自己会的、懂的。这样会结出诚实的果实，你也会因此受到尊重。

当我们面对的是"对手"的时候，就不必谦虚，需要你找到自己所有的优势，回避自己的缺点——自信要足。这一点在许多优秀的外交家身上体现得非常明显：蔺相如面对强大的秦君是不能谦虚的，要的是足够的自信。周恩来总理的外交风度为世人称道，他说："不卑不亢"，就是这个道理。

谦虚固为美德，却也应该有度。否则，你的事业将功败垂成不说，还对你本人造成大的伤害。

魔力悄悄话

世间任何事物都是一分为二的，谦虚亦然。引申到青少年身上，我们可以得出以下结论：想要有所成就需要多方因素，刻苦修炼你的真本事是一个方面，另一个方面就是——切勿过分"谦虚"，要自信地面对人生！

第七章
谦虚立身, 好学有成

　　不管你是涉世未深的青年, 还是经验丰富的长者;不管你胸无半点墨, 还是学富五车才高八斗,都需要不断的了解、学习,因为,任何成功的得来都不是一朝一夕的结果,需要我们不断充电,才能更好地生活。人一出生,慢慢地学会走路,说话,在成长的过程中不断接触各种各样事物,要不断地学习很多东西。有些人善于学习,于是在各种环境中应对自如,游刃有余;而有些人却固步自封,懒于学习,结果不知所措,被时代所抛弃。学习也是永远无止境的,只有不断探索,善于追求。你的人生才会树立起永不沉落的风帆。

放低自己才能学到知识

老子说："江海之所以能为百谷王，以其善下之，故能为百谷王。"百川之所以都汇聚于大海，因为大海处在最低的地方。

任何一个人都没有骄傲的资本，即使你在某一方面的造诣很深，也不能够说你已经彻底精通，彻底研究全了。只有谦虚才能学到更多知识。

虚心向别人学习

孔子的学识很渊博，在年轻的时候就已经是远近闻名的老师了。可他觉得自己还有许多不知道的东西，于是，他离开家乡曲阜去洛阳拜大思想家老子为师。

到了洛阳，在城外，孔子看见一架马车，车旁站着一位70多岁的老人，孔子心想这位老人可能就是我要拜访的老师。

于是上前行礼，毕恭毕敬地问道："老人家，您就是老聃先生吧。"

"你是？"

孔子连忙说："学生孔丘特地来拜见老师，请老师收下我这个学生吧。"

老子说："在学问方面你不比我差，为什么还要拜我为师呢？"

孔子说："哪有？我知道得太少了，需要向老师学习才对，请老师收下我吧。"

由于孔子虚心地向老子请教，老子就毫无保留地把学问传授给了他。可见，只有虚心去学习，才能学到更多的知识。

谦虚——虚心竹有低头叶

"虚心学习"既是青少年掌握知识的良好学习品质，又是青少年获取更多知识的金钥匙。

具备了"虚心学习"的态度对青少年树立正确的学习动机，激发自觉学习有着直接影响，"虚心好学"不仅是青少年当前学习的需要，更是以后学习的需要。

懂得虚心学习是正确的求知态度，只有虚心学习才能学到更多的知识。

青少年时期正是学习的大好光，在平时要虚心学习，要像孔子一样谦虚好学。

不要因为自己考试成绩好就沾沾自喜、骄傲自满，要时刻告诫自己：只有谦虚才能学到更多的知识。

虚心向别人请教

孔子曾说："知之为知之，不知为不知，是知也。"

孔子认为，学习是老老实实的事，承认自己有不懂的地方，本身就是认识上的一种进步。

然而，有些青少年总是不懂装懂，自以为是，因羞于脸面而不敢去问别人问题。

这种心理和思想大大抑制了自身的发展，抵消了自己的才能和努力，使自己的骄傲自满心理潜滋暗长，因而就没有了"无知感""求知欲"，"不知"便以为"知"。

其实，这是最可怕的。

虚心向别人请教的最大好处是：通过学习别人的经验和知识，可以使我们在很大程度上减少犯错概率，缩短摸索时间，离成功更近一步。

别人成功和失败的经验是我们最好的老师。特别是对涉世未深的青少年来说，不要自以为满腹才华，看到别人做起事来得心应手，觉得自己也没有问题，便单独行动起来，结果处处碰壁，得不到任何进步。

因此，青少年要不断以谦虚、真诚和好学的态度，向身边的成功者请教，提高自己的学习能力和处世技巧。如此不断加以完善，才能不断进步。

魔力悄悄话

作为新时代的青少年，应该总结古人的学习经验，要有疑就问，有意识去问，虚心向别人请教。人生有限，精力有限，这就注定了学贯古今、识穷天下对任何一个人来讲都毫无实现之可能，也就是说每一个人都存在无知和不足，那么虚心、不自满就应该成为人们的一种共同心态，也就是说，每个人都应该虚心学习，只有谦虚才能学到更多的知识。

学习能不断完善你的人生

现代社会,竞争日趋激烈,知识的更新速度更是不断加快。在科技发展日新月异的今天,学习便显得尤其重要。只能通过学习,我们的人生才会得到不断地完善,很好地在这个世界上占有一席之地,才能做一个生活中的强者!

人生因学习而精彩

在人的一生中,绝不会顺利地走向巅峰,遭遇挫折和失败在所难免,学习和改变的速度快慢,是在这个社会中成败之关键。在知识经济时代,没有知识的人越来越寸步难行了,其实没有知识并不可怕,最可怕的是你没有学习意识,最可悲无望的人就是那些没有知识且没有学习意识的人。所有的经济力量莫不依赖于知识,产生于知识,市场竞争由产品竞争发展到知识竞争。青少年只有不断学习,拥有深厚的知识,才能够在未来社会上有所成就。

人生因学习而变得生动有趣。每个人的一生其实就是学习的一生,我们生命中所遇到的人和事,所得到的经验都是一笔财富。只是有的人主动学习,有的人被动学习,这也正是先进与落后最直观的体现与最根本的原因。不凡之士与庸常之辈的最大区别,并不在于他的天赋和付出,而在于他是否拥有明确的人生目标,只有勇于挑战人生,才能拥有成功的希望。在人生的竞技场上落败的原因,不是缺少信心、能力、智力,只是没有明确的目标或选准目标,且又缺乏坚强的斗志,只有把注意力凝聚在目标上,才能取得可人的成绩，才能为日后的成功奠定坚实的基础。

心中有远大的人生目标，却不愿意为此而努力学习，注定是一种悲哀。目标好像靶子，必须在你的有效射程之内才有意义，如果目标偏离实际，反而于事无益。你必须要为目标付出努力，如果你只空怀大志，而不愿为理想的实现付出辛勤的劳动，那"理想"永远是空中楼阁。只有把目标和行动有机结合起来，才有可能拥抱成功，目标和行动是改变人生的砝码。一个人不管做什么事，具有什么条件，身处什么样的环境，只要专心致志，勤奋刻苦，好学多问，坚持不懈，脚踏实地一步一步地走下去，自然会越来越接近成功。

如果我们不懂得前进，只知一味地故步自封，那么将永远跟不上时代的变化，最终会被社会所淘汰，这就是在"赛马中识别好马"的道理。当今社会的人才竞争，说到底是知识的竞争，学习力的竞争。青少年只有在学习中提升自己的实力，将来才能很好地立足于社会。

知识是种热量无穷的强大能量，知识与行动结合起来就是力量。学知识好比零存整取的银行存款，同时要有与众不同的创意，这样才会收到与众不同的收获。

通过学习，可以使自己养成良好的心态和信心。**要知道，人生的失败并不是败给了谁，而是败给了悲观的自己。**做任何事情都要有个良好的心态和信心，一个缺乏自信的人，总会一事无成，唯有自信使不可能成为可能，使可能成为现实。

当今时代，选择了学习，就等于选择了改变，选择了正确的人生道路！

通过学习放飞人生梦想

青少年身上都背着一个生命的行囊，辛苦地跋涉在漫漫的人生之旅中。梦想是精神的支柱，坎坷则是梦想的梯子。因此，青少年必须正视坎坷，认真学习，用知识来放飞梦想，完善人生。

不同的人可能会拥有相同的梦想，然而收获的却是完全不同的人生。

在追梦的途中，有人一路鲜花掌声，有人一路荆棘丛生。

虽然他们都达到了相同的梦想，但前者缺少克服磨难的耐力，后者却拥有饱经风霜和痛苦之后成功的喜悦。坎坷会使人们的生命因之而更加靓丽多彩。

青少年生活在未来和现实之中，难免会经历彷徨，但只要奋斗了，就一定会将梦想成功放飞。

正因为有了梦想才不会在生命的途中迷失方向，从而矢志不渝地坚守着人生的信条。

无梦使一生贫困潦倒，无志则使一生贫贱低劣。带着梦想行走的人一生充实饱满，无梦的人只是生命途中的一具行尸走肉。追梦中人们汲取经验，拓展视野，锻炼能力；梦圆时，便可尽情地放声高歌。梦想，会使人们感受到实实在在地存活在这个世上。

梦想与现实之间遥远的距离，有时可能会让人们想到退却，有时甚至会让人们感到绝望。

因为有了这些坎坷与无奈，人们才会更好地珍惜梦途中的成果。而坚持学习则是实现梦想最现实、最有效的方法。**布伦克特用行动证实了一个真理："如果谁能把三岁时想当总统的愿望保持 50 年，那么 50 年以后，他就是总统了。"**滔滔历史长河，使无数的英雄伟绩消失无踪影，只有那坚定的信念在心间熠熠生辉。只要你努力了，便不会后悔，奋斗了便再也没有遗憾存在。只要为了人生之梦而努力学习，只要做到了人生无悔，那么就已经收获了胜利。

魔力悄悄话

高尔基曾说："应当随时学习，学习一切；应该集中全力，以求知道得更多，知道一切。"对于一个缺乏知识的人，无论如何也成不了强者。学习是我们成功的资本，这是因为无学将无以致用，所以要做一个以知为本的人。

活到老，学到老

学习是永远没有尽头的，终身学习已经成为当今时代的主旋律。觉悟的圣贤也告诉我们，没到达"无学位"，就是学海无涯、学无止境。

学习是个人不断进步的动力源泉。通过没有止境的学习，青少年会不断地提高自己，在学习中增长知识，在学习中健康成长。在学习的过程中，体会到的不是苦涩，而是一种人生的幸福和快乐！

学习永远没有尽头

不管是哪一种成功，它的到来都不会是一朝一夕的结果。一个人要成长和发展，就必须不断地学习。不懂、不会就要去了解，就要去学习，学习就是为了以后能够更好地适应新的发展。

事物总是处于不断的变化和发展中，比如遗传变异、水生动物演化为陆生动物等。在这个过程中，适应环境才能够生存下来，不适应环境就会被自然所淘汰。人生活在社会中也是这样，从出生开始，便慢慢地学会走路、说话，在成长的过程中逐渐接触到各种事物，需要不断地学习很多东西，如处理日常事务、人际关系等。有的人善于了解、学习，于是在各种环境中能应付自如，游刃有余；有的人故步自封，懒于了解、学习，结果遇事时总会感到不知所措，长大后与社会格格不入，最终被社会所丢弃。

如果你们现在的学习成绩很优秀，这是不是就意味着你可以放心休息，安于现状呢？这种想法显然是错误的。孔子集群贤之大成，振玉声金，却仍不断地学习，若非如此，孔子是不可能从百家中脱颖而出成为儒家的创始人;相反,王安石笔下的神童仲永,被他父亲当作摇钱树而没有继续学习,最终变成"泯然众人矣"。因此,青少年一定要像孔子一样,不断地学习,不断地进取,这样才能走在别人的前面,走在时代的前沿,让自己今后长久地立于不败之地!

要时刻谨记:学无止境,学习的道路是永远没有尽头的,青少年一定要一直向前行进!

我们需要终身去学习

在悠悠历史长河中,先祖积累了大量的知识财富,因此我们有着永远也学不完的知识,即使到老也学不完。从自身来讲,学习是对精神的充实,在学的过程中,我们会思考,在思考的过程中,人性会得到升华。在我们短暂的一生中,需要突显自己的价值。年轻时,学是为了理想,为了安身立命;中年时,学是为了补充,补充空洞的心灵;老年时,学则是一种意境,慢慢品味,自乐其中。活到老学到老,平凡的一句话,是做人的大意境。作为青少年,一定要将终身学习这一理念根植于心灵深处。

如果你仔细观察周围就会发现,"学到老"的例子居然可以信手拈来:婴儿咿呀学语,儿童的各类趣味班,学生时代的在校学习,工作以后的在职培训,退休后的重新认识生活,各处的老年大学里更是人才济济,因为几乎所有的事情都需要不断学习,健康成长、获取知识、掌握技能、完成工作、人际交往、休息娱乐……生活中所呈现的一个个闪亮的珍珠,都是通过学习这条线而串连成了一条美丽的项链,使人生处处充满色彩。

从哲学的基本原理出发,我们在这个世界生存是一种客观现象,所有意识之外的东西都是客观的,客观事物先于人的意识而存在。意识是客观事物在人脑中的反映。当然,事物是客观的,并不代表人在客观事物面前就无能为力,只能处于被动地位。意识对客观事物具有能动作用,正确的意识指导我们进行实践,从而改变事物的状态,为我们自身服务。也就是说,正确的实践要有正确的意识为蓝图。如何正确地反映客观事物呢?答案就是学习，通过学习，我们可以获取以前所不知道的知识，从而为自己增加更多的能力，进而为自己创造条件，为今后的发展做铺垫。

我们可以为实现梦想而学习。不管是在采取科举制的古代，还是在采用考试制的现代，有很多人都是为了成才而读书。为了出人头地，相信"学海无涯苦作舟"，凭着自己不懈的努力，终究会到达自己希望的彼岸。但也有人直到生命最后一刻也只能向知识的彼岸靠拢，却到达不了。其实结果并不重要，因为在实现梦想的过程中，通过学习已经收获了人生的无穷财富。

魔力悄悄话

不管你是出于什么目的在学习，只有明白了学无止境，需要终身学习这个道理，通过知识实现梦想，通过读书来寻找乐趣，通过知识来创造未来，那么，你今后的人生将会是一片光明。

在无知的时候寻求进步

法国哲学家笛卡尔曾说:"愈学习,愈发现自己无知。"这句话表明了一个人的知识越丰富,他接触的未知领域就越广阔,疑问也就越多,需要学习的东西也就越多。不管你的知识有多么博大精深,还是要去学习。

作为青少年,更应该多学些知识。只有不断学习,才能掌握丰富的知识和懂得做人的道理,才能成为社会的有用人才。

在学习上永不满足

培根曾说过:"知识就是力量"。苏联伟大的作家高尔基说:"没有任何力量比知识更强大,用知识武装起来的人是不可战胜的。"法国作家左拉说:"愚昧从来没有给人带来幸福;幸福的根源在于知识。"在知识经济时代,智慧就是财富,而智慧是建立在知识的基础之上的。作为青少年,不要放松学习,在学习上要发扬永不满足的精神。

任何容器都装得满,唯有知识的容器大无边。只有在学习的过程中不满足,积极进取,才能够有一个新的突破。

可以这么说,一个人的能力与其掌握知识的广博有着很大的联系。知识渊博,眼界就会开阔,思想就会充实,境界就会高远,认识和处理问题的方法就会比较灵活。所以,青少年在学习上一定要知不足。哲学家苏格拉底曾经说过:"世界上只有一样东西最珍贵,那就是知识;世界上只有一样东西是罪恶,那就是无知。"学习上知不足,就是越学越知自己不足,越知不足越要学习,学习的知识越多,就越容易应对飞速发展的现代社会。

　　大千世界的种种事物都不是静止不动的，都处于不断发展和变化中，"人生也有涯，而知也无涯"，就是这个道理。现在我们正处在一个承上启下的"知识爆炸"的时代，科学正在一日千里地飞速发展，作为青少年，不随时感到不满足，不用新的知识来充实自己，那么，即使今天你是个知识渊博的人，明天也会喟叹自己无知。

魔力悄悄话

　　越学习，学到的东西越多，才越发现自己的无知，不过成长正是建立在这种阵痛之上。换句话说，能意识到自己无知时，正说明你正在试图进步。所以，青少年要谦虚努力地去学习知识，不要满足于现状。

知识是成功的基石

雨果曾说:"知识是人生旅途中的资粮。"知识是力量,知识是资源,知识是人类通向成功的基石,知识是弱者改变命运的武器。

知识是一种资源,像"煤"一样,人们用煤取暖,煤给人们带来了光和热,如果人们不用它,它就是"石头",就堆在露天没有用处。知识如同煤炭一样,是我们人生道路上的"黑金",你只要能像利用煤炭一样,将知识运用到生活中,知识就会发光发热,产生无限能量。知识是一架梯子,它也为我们的人生开通了一条又宽又广的道路,它给我们信心,给了我们最大的力量。在人生旅途中只要备足了精神食粮,就能大胆往前进,无所畏惧。

只有储备了足够的知识,才可能到达成功的彼岸,它是一个人通往成功的重要资本。俗话说的知识改变命运,也正是这个道理。

知识改变命运

出生于广东潮州的李嘉诚,家庭条件不是很好,仅靠担任小学校长的父亲一人供养着一大家子。1940 年,为躲避日本侵略者的压迫,全家逃难到香港。两年后,父亲病逝。为了养活母亲和三个弟妹,李嘉诚被迫辍学走上社会谋生。李嘉诚当时在一家玩具制造公司当推销员。工作虽然繁忙,失学的李嘉诚仍用工余之暇到夜校进修,补习文化知识。在积累了足够的文化知识的同时,李嘉诚还掌握了工作方面的知识,他以常人无法比拟的毅力吸收着各方面的知识。在年仅 22 岁时李嘉诚在筲箕湾创办长江塑胶厂,并凭着自己过硬的知识及经验取得了成功。

李嘉诚虽然已经取得了成功，但他并没有满足于现状，他还在不断地开阔自己的视野，吸收着各个领域的知识。1958年，李嘉诚开始投资地产市场，即使是在1960年代中期，香港地产业陷入低谷之时，李嘉诚也没有怯步。1979年，收购和黄（和记黄埔有限公司的简称）进入港口运输业。至1995年12月，李嘉诚所属的长江实业集团三家上市公司的总市值已超过420亿美元。

李嘉诚在此基础上靠着自己的智慧和才能又打拼了十几个年头，他并非是一帆风顺的，他和任何人一样，有低谷、有徘徊、有失意，但他还是挺过来了，成了全球华人心目中不可替代的偶像，还得到了一个"超人"的绰号。

从贫困少年到"塑胶花大王"，从地产大亨到救市的白衣骑士，从"超人"到新经济的领袖，从管理大师到传媒高科技弄潮儿，从身无分文的穷家小子到坐拥千亿中国首富，一世英名的李嘉诚是靠什么走到了今天呢？

一个穷困的少年，凭借自身的知识与智慧，用几十年的时间，完成了几代人甚至几十代人的财富创造神话。其在世道低迷之时屡屡出手并赚得衣钵满归，在资本市场叱咤风云，收获丰厚，他是典型的商业奇才，其经典案例也被列入世界管理大师的商业教程。而超人在以120亿美元的财富成为港澳台百富榜首富的同时，也以浓缩了无数人财富缔造梦想的亲身经历成就了自己在华人心目中的神圣地位。李嘉诚，一个平凡的人塑造了不平凡的人生，

他的成功不是偶然的，他不是豪门出身，没有过硬的身份背景，他靠的完全是个人的智慧，靠的是年轻时积累的知识为财富，打造了他如今的帝国大厦。

知识成就自我

战国时期的思想家、教育家、文学家荀况曾在文章中论述："骐骥一跃，不能十步；驽马十驾，功在不舍；锲而舍之，朽木不折；锲而不舍，金石可

镂。"说明任何事情的成功都不是一朝一夕的,它是一个时间及意志的考验和煎熬,同样的道理,没有无缘无故的失败,也没有无缘无故的成功,没有人会"不经风雨就能见彩虹"。每个人只有经历了知识的积累才能成就自我。万丈高楼平地起,如果基础都打不牢靠,又何来的成功呢?在中国文学史上,负有盛名且影响深远的著名诗人和文学家白居易,曾在诗中有言"试玉要烧三日满,辨才须待七年期。"意思是说,看玉的真伪要烧一些时日才知,人才的好坏要等一些时日才辨得出。只有积累了足够的智慧,方可到达成功彼岸。

魔力悄悄话

在一个快节奏的时代,任何事情都可能转瞬即逝,但知识是永恒不变的财富,它也是我们立世的资本。有了知识的积累才可能在竞争激烈的社会脱颖而出。社会发展的步伐异常之快,若想很好地同时代并发展、同进步,那就需要我们以虔诚的态度不断地获取知识。在求知的过程中,难免会遇到各种挫折,不应气馁,不应退缩,而是应该虚心地向他人请教,成就自我。

对学问打破砂锅问到底

人的知识结构是不一样的，有些不如自己的人在某一方面可能会超过自己，所以，无论在任何时候，都要懂得不耻下问，虚心求教。

人们称知识渊博的人为"有学问"的人，其实，所谓"学问"，就是既学还问，所谓善学者必善问。"问"是由思考得来的。凡是有学问的人，必定是勤于思考、善于发现和提出问题，而且总爱打破砂锅问到底的人。

敢于做个打破砂锅问到底的人

举世闻名的发明家——爱迪生，他完全是靠自学而成才的，他学习知识和创造发明的重要法宝就是"问"。在他的一生中，不管是学习还是做实验，以及日常生活中，从没有停止过发问，而提出"为什么"已成为他做事时的一种习惯。

有一天，他在路上碰到一位朋友，看见他的手指关节肿了，便问道："你的指关节为什么会肿呢？"

"我也不晓得确切的原因是什么。"

"为什么你自己都不晓得呢？医生也不晓得原因吗？"

"有啊，不过每个医生的说法都不尽相同，但是有多半医生认为是痛风症。"

"为什么他们会认为是痛风症呢？什么才是痛风症啊？"

"他们告诉我说这是尿酸积液在骨节里。"

"既然他们知道病因，为什么不从你骨节中取出尿酸来呢？"

"他们不晓得如何取出来。"他的朋友回答。

"他们是医生,为什么会不晓得如何取出来呢?"爱迪生生气地问着。

"因为尿酸是不能溶解的。"

"为什么?我不相信。"爱迪生非常肯定地回答道。

爱迪生为了证实自己的想法,立刻跟朋友告别,回到实验室进行试验。他排好一列试管,每只管内灌入不同的化学液体,每种液体中都放入数颗尿酸结晶。两天之后,他看见有两种液体中的尿酸结晶已经溶化了。于是,又有了新的发现在这个发明家身上问世。

其实,每个人的认识都是有限的,所以,作为青少年,更不应把问"为什么"当作一件羞耻的事。要像爱迪生一样,做个敢于打破砂锅问到底的人,因为这是一种博采众长的学习方法,是一种提高自身的学习方法,它还体现了一个求学者应有的度量。比尔·盖茨曾经说过:"即使你是一个天才,你也不可能一通百通。"**一个聪明的人,他的聪明之处在于不耻下问,虚心地向他人求教。**

不耻下问,虚心向别人求教

放眼望去,凡是能够登上顶峰的人们,不论是在舞台上发表演说还是乘机出访,总是微微低着头俯视脚下的人群,因为他们站在高处。而他们脚下成千上万的人们,总是高高抬起头向上仰望,因为他们站在低处。

有人问过苏格拉底这样一个问题:"据说您是天底下最有学问的人,那么我想请教一个问题:请你告诉我,天与地之间的高度到底是多少?"苏格拉底微笑着答道:"三尺!""胡说,我们每个人都有四五尺高,天与地之间的高度只有三尺,那人还不把天给戳出许多窟窿?"苏格拉底仍保持着微笑,对他说:"正是因为这样,所以,凡是高度超过三尺的人,要想长久立足于天地之间,就必须懂得低头呀!"

在民间有这样一句谚语：**"低头是稻穗，昂头是稗子。"** 越成熟，越饱满的稻穗，头垂得越低。只有那些穗子里空空如也的稗子，才会显得招摇，始终把头抬得老高。

所以，对于每一个行将上路的青少年而言，都必须牢记：不论什么时候，都要给自己留一些"空杯子"，虚心求教，学无止境。只有这样，才能不断汲取各种有益身心的营养，并在它们的滋养下最终成为栋梁之材。

魔力悄悄话

不要看轻了自己，更不必因自己的不足而自怨自艾，世间很少有全才，更少有十全十美的人，只要你有一技之长，你就可能在这方面胜过别人。韩愈说过："是故无贵无贱，无长无少，道之所存，师之所存也"，又说"闻道有先后，术业有专攻，如是而已"。虚心好学，指的就是肯向比自己地位低的人学习，这才是"不耻下问"的精神。

好问则裕，自用则小

"好问则裕，自用则小"，这句话出自《尚书·仲虺之诰》。意思是说，善于请教别人收获就多，自以为很聪明对人不谦虚，所得就少。

孔子有言，三人之行必有我师，意思与好问则裕，自用则小有异曲同工之妙。青少年时代正是努力掌握知识的最佳时期，"好问"无疑是一种学习的技巧。

好问则裕

伟大的天文学家伽利略17岁那年考进了比萨大学医科专业。他喜欢提问题，不问个水落石出决不罢休。

有一次上课，比罗教授讲胚胎学。他讲道："母亲生男孩还是生女孩，是由父亲的强弱决定的。父亲身体强壮，母亲就生男孩；父亲身体衰弱，母亲就生女孩。"

比罗教授的话音刚落，伽利略就举手说道："老师，我有疑问。"

比罗教授不高兴地说："你提的问题太多了！你是个学生，上课时应该认真听老师讲，多记笔记，不要胡思乱想。动不动就提问题，影响同学们学习！""这不是胡思乱想，也不是动不动就提问题。我的邻居，男的身体非常强壮，可他的妻子一连生了5个女儿。这与老师讲的正好相反，这该怎么解释？"伽利略没有被比罗教授吓倒，继续反问。

"我是根据古希腊著名学者亚里士多德的观点讲的，不会错！"比罗教授搬出了理论根据，想压服他。

伽利略继续说："难道亚里士多德讲的不符合事实，也要硬说是对的吗？科学一定要与事实符合，否则就不是真正的科学。"比罗教授被问倒了。

后来，伽利略受到了校方的批评，但是，他勇于坚持、好学善问、追求真理的精神却丝毫没有改变。正因为这样，他才最终成为一代科学巨匠。

好问是一种直接的接受知识方法，可以加深自己对知识的理解。虽然有时候善问会遭到别人的不理解，但是青少年还是要相信"好问则裕"。

自用则小

做人不可刚愎自用，否则就会像一个有耳疾的人，什么事情都听不进去，时间久了，就会没有所得。想必大家都听过方仲永的故事。

宋朝末年，出了一个叫方仲永的神童，善读文，并且具有很强的写作天赋，能写诗作对联。五岁时，他的父亲叫他当众作了一首诗，那首诗非常值得欣赏，反映出他的天赋并不是虚假的。可惜的是，他的父亲很愚蠢，带着神童方仲永到处拜访，实际上是显耀，认为既然是神童，就不必要让他再学习。又过了几年，仲永已十二三岁，著名诗人王安石又去看望仲永，并叫他当场作一首诗，却发现文采与辞藻都已经大不如前。又过七年后，仲永已经变得与和普通人一样了。

这个故事说明，再有天赋的人，不努力，不学习，是不可能有所作为的。不管是有天赋的人，还是一般的普通人，都要努力学习和更新知识，如此才会有所成就。人与人之间都是平等的。脑筋迟钝的人，经过不懈努力，也能做成不平凡的成就；而天赋很好的人，如果仅仅靠自己的小聪明作为资本去显耀，甚至看不起反应稍慢一点而正在努力拼搏的人，从此停滞不前，那么，他也将浪费掉宝贵的光阴，最终一事无成！

谦虚——虚心竹有低头叶

有位哲人说:"凡是比较明智和有礼貌的人们,他们都特别谦虚谨慎,从不装腔作势、装模作样、夸夸其谈、招摇过市。他们都是用自己的行为来证实自己的内在品性,而不是用语言。"这段话是值得青少年细细品味的。

魔力悄悄话

青少年时代不仅仅是学知识的时代,也是学做人的时代,"好问则裕,自用则小"的意思并不是说逢人就问,而是学习一种谦虚求学的精神。

学习能力强生存能力更强

亚基巴认为："知识对于人类而言，有如水之于鱼。有知识才能生存。"知识越多，就意味着生存能力更强。

生命需要不断地学习

有个老人在河边钓鱼，一个小孩走过去看他钓鱼，老人技巧纯熟，所以没多久就钓上了满篓的鱼，老人见小孩很可爱，要把整篓的鱼送给他，小孩摇摇头，老人惊异地问道："为何不要？"

小孩回答："我想要你手中的钓竿。"

老人问："你要钓竿做什么？"

小孩说："这篓鱼没多久就吃完了，要是我有钓竿，我就可以自己钓，一辈子也吃不完。"

可能你会说："好聪明的小孩。"

错了，他如果只要钓竿，那他一条鱼也吃不到。

因为，他不懂钓鱼的技巧，光有鱼竿是没用的，钓鱼重要的不在"钓竿"，而在"钓技"。

有太多人认为自己拥有了人生道上的钓竿，再也无惧于路上的风雨，因此，难免会跌倒于泥泞地上。

学习是很重要的一件事。它是进步的阶梯，我们只有不断地一层一层阶梯上，才能逐渐地体会到学习给自己带来的巨大收益。

谦虚——虚心竹有低头叶

犹如我们攀登泰山拾级而上一样，当我们每上一层阶梯，就能看得更远一些，同时就收获一份激情，多了一份向往。而当我们就这么坚持不懈地最终到达顶峰时，我们才能一览众山小，才能收获巨大，那样的心境是多么的开阔和舒畅！

西勒尔是一个勤奋好学的人，曾经为了生活而做过打工仔。

某一天，西勒尔由于未找到工作而断了收入，但他无论如何都想到学校听课。

于是他爬上学校的屋顶，把耳朵贴近烟囱，整晚就这样听着下面教室里的讲课，不知不觉便在屋顶上睡着了。其时正值寒冷的冬夜，天空下起雪来，将他覆盖起来。

次日，学校又开始上课，但教室却非常昏暗，学生们抬头一看，只见天窗被一个人遮住了。西勒尔早已冻僵了，很久才苏醒过来。从此以后，他成了免费学生。

西勒尔的故事广为传播，再加上他的勤奋好学，后来成了别人学习的榜样。

知识就是力量

我们依靠什么来完善人生、成为迈向成功路上的佼佼者？知识可以成为实现人生跨越的桥梁，成为铸就高尚灵魂的熔炉。有这样一句话：掌握的知识多了，学问多了，精神境界也就会高起来。知识如同一艘航船，载着我们驶向广阔的人生海洋。

古今中外，屹立于世间最璀璨、最明亮的那颗明珠就是"知识"。当今知识爆炸，创新一日千里，内容远远超延到社会生活的方方面面，与人教育则可具体成智商、情商两类。拥有两大法宝，就有如龙泉在握，诸葛再世，执牛耳而行天下。

"书山有路勤为径，学海无涯苦作舟。"

人生须臾，在这个知识创造价值的激烈竞争年代，拥有知识才华则海阔凭鱼跃，天高任鸟飞。"莫等闲，白了少年头"，相信知识能改变命运，相信知识的力量，你便能走出人生的辉煌！

魔力悄悄话

在全球知识化的今天，我们一定要明白知识就是力量，知识推动社会的发展和进步，而人生改变的机遇总是留给那些随时准备着的人。作为青少年，只有不断学习，增强自己的能力，才能够更好地立足于社会。

第八章
韬光养晦不自傲

　　一个人不管取得了多大的成功，不管名有多显、位有多高、钱有多丰，面对纷繁复杂的社会，也应该保持做人的低调。有道是：地低成海，人低成王。低调做人不仅是一种境界、一种风范，更是一种思想、一种哲学。绝大多数成功者都或多或少受到过这一哲学思想的启示。圣者无名，大者无形。高立身，低处世，得大成者其功无边，低俯一生，留芳万古。得理饶人更易征服人。不要太张扬自己的个性，让人一码，心界更宽，低调做人是步入社会的必然要求。贵而不显，华而不炫。圣贤之人皆谙隐炫之道，富而不奢，免遭嫉恨。

不张扬是种修养

低调做人,不张扬是一种修养、一种风度、一种文化、一个现代人必需的品格。没有这样一种品格,过于张狂,就如一把过刚的宝剑,好用而易折断,终将在放纵、放荡中悲剧而亡,无法在社会中生存。

一次,儿童文学家盖达尔带着 5 岁的小女儿珍妮,给夏令营的小朋友讲故事。盖达尔要为小朋友们讲的是他们所期待的童话故事《一块石头》。

大礼堂里,孩子们正聚精会神地听盖达尔讲故事,除了盖达尔的声音,整个礼堂静得连针掉在地上都可以听到。这时,小珍妮却旁若无人地在礼堂里走来走去,偶尔还故意使劲跺脚,发出惹人烦的声响,跺完脚后还露出得意的神情,她的举动仿佛在告诉小朋友:"你们看,我是盖达尔的女儿!你们一个个都在听我爸爸讲故事,这些故事我每天都能听到!"

盖达尔看到女儿的行为,停止了讲故事,他突然提高嗓音,严肃大声地说:"那个猖狂的小家伙是谁?请你们把那个不守秩序的小家伙撵出去!她妨碍了大家安静地听故事。"

小珍妮一下子愣住了,她没有想到自己亲爱的爸爸竟然这样说她,她连哭带喊赖着不走,想让爸爸心软,但盖达尔不为所动,坚决要求工作人员把珍妮拉出会场。

之后,盖达尔又继续给孩子们讲故事,故事讲完时,孩子们对盖达尔报以热烈的掌声。

盖达尔给孩子们讲的不仅是一个有趣的故事,还通过对小珍妮的惩罚,给孩子们上了生动的一课:无论是谁,都不应以优越骄纵,过于张扬。

谦虚——虚心竹有低头叶

有功者往往居功自傲,盛气凌人,贪权恋势,殊不知杀身之祸多由此而起。十分功绩,若夸耀吹嘘,则仅剩七分,如果凭着功劳而骄傲自大,目中无人,甚至仗势欺人,那么功绩自然又减三分。自明者不管功劳如何卓著,都懂得谦虚谨慎,面对人生荣辱得失,以平常心态视之,当抽身时须抽身。

功成而身退,则可垂名万世,若争功夺名,贪爵恋财,忘乎所以,居功自傲,必将招致祸害,最终身败名裂。

清朝名将年羹尧,自幼读书,颇有才识,他在康熙三十九年中进士,不久授职翰林院检讨,但是他后来却建功沙场,以武功著称。因为他的卓越才干和英勇气概,年羹尧备受康熙和雍正的赏识,成为清代两朝重臣。康熙在位时,就经常对他破格提拔,到了雍正即位之后,年羹尧更是备受倚重,和隆科多并称雍正的左膀右臂,成为雍正在外省的主要心腹大臣,被晋升为一等公。

年羹尧自恃功高,做出了许多超越本分的事情,骄横跋扈之风日甚一日。

他在官场往来中趾高气扬、气势凌人。他赠送给属下官员物件的时候,令他们向着北边叩头谢恩,在古代,只有皇帝能这样;发给总督、将军的文书,本来是属于平级之间的公文,而他却擅称"令谕",把同官视为下属;甚至蒙古扎萨克郡王额附阿宝见他,也要行跪拜礼。这些都是不合乎朝廷礼仪的越位举动。

年羹尧陪同雍正皇帝在京城郊外阅兵,雍正对士兵们说:"大家辛苦了,可以席地而坐。"连下了三道圣谕都没有一个人动,直到年羹尧说:"皇上让大家席地休息。"这时全体士兵才整齐地坐下,盔甲着地声震动山野。

雍正觉得很奇怪,年羹尧解释说,将士们长期在外打仗,只知道有将军,哪知道有皇帝?这本身虽然说明年羹尧治军有方,但年羹尧本来就功高震主,飞扬跋扈,雍正当时早已产生疑惧。

年羹尧不仅凭着雍正的恩宠而擅作威福,还结党营私,培植私人势力,每有肥缺美差必定安插他的亲信。此外,他还借用兵之机,虚冒军功,使其未出籍的家奴桑成鼎、魏之耀分别当上了直隶道员和署理副将的官职。

年羹尧的所作所为引起了雍正的警觉和极度不满。雍正是自尊心很强的人。年羹尧功高震主,居功擅权,使皇帝落个受人支配的恶名,这是雍正所不能容忍的,也是雍正最痛恨的。于是几次暗示年羹尧收敛锋芒,遵守臣道,但年羹尧似乎并没放在心上,依旧我行我素。不久之后,风云骤变,弹劾年羹尧的奏章连篇累牍,最后被雍正帝削官夺爵,列大罪92条,赐自尽。

一个曾经叱咤风云的大将军最终命赴黄泉,家破人亡,如此下场实在是令人叹惋。

人生处在顺境和得意时,最容易张扬。张扬是许多没有远见的人的共性,他们本来就没有大志向也没有大目标,只是在一种虚荣心的驱使下向前奔跑,目的只是想博得众人的喝彩。所以众人的掌声一响便认为达到了人生目标,便想躺在掌声中生活,他们认为自己可以不必再奔跑,可以昂头挺胸地在人群中炫耀了。

太张扬的人,没有自己的追求和目标,有了一点点的得意便以为人生的荣耀不过如此。这些人中也有许多有才华的人、有实力的人和有发展前途的人,如果这些人能够踏踏实实地做人,可能会成就一番事业,可他们却往往因为目光短浅而在张扬中夭折。

魔力悄悄话

张扬也可以说是一种误解,一种把暂时的得意看成永久得意的误解,一种把暂时的失意当成永久失意的误解。低调的人明白,这个世上永远没有永恒的事物,一切都是暂时的相对的,所以也就没有什么值得张扬的事情。

最没用的是"架子"

曾经有人问这样一个问题：在鸡身上什么东西最不值钱？答案很多，有人说是鸡粪，有人说是鸡毛，也人有说是鸡屁股……然而，鸡粪可以当肥料，鸡毛可以去做羽绒服，鸡屁股可以去做狗粮……到最后大家一致认为：最不值钱的是鸡架子。

在鸡身上，架子最不值钱。同样，在人身上，最不值钱的也是架子。生活中有些人说话、走路、办事，都是装腔作势，有意显得威风、高贵、了不起的样子，这样的人，开始能糊弄一些不知底细的人，时间一长，知道了他的底细，就没有人理睬了，还把这种行为说成是"摆架子"。

架子无法体现价值，实力是靠个人的实力拼出来的。可有的人却好摆"官"架子，真正有实力的人，不摆架子仍然会得到人们的尊重，照样有权威；没有实力者，不论摆多大的架子，仍然只是一副空皮囊。

如果想在社会上真正地走出一条路来，活出从容快乐的人生，那么你就要放下自己的架子。

放下你的家庭背景，放下你的身份，做自己应该做的事，走自己应该走的路，这样才能吸收各样的资讯，才能抓到更多的机会，才能不断地进步，才能够发展！

袁术字公路，是司空袁逢的儿子，官至折冲校尉、虎贲中郎将。董卓进京，他逃到南阳；部将长沙太守孙坚杀掉南阳太守张咨，他便占据了南阳。

公元195年冬，献帝东出潼关，其护卫队伍被李傕、郭汜打败，袁术以为时机已到，便召集手下人商议，表示要做皇帝。他对手下众人说："现在刘氏天下很虚弱，海内鼎沸。我家世代做高官，得到老百姓的归附。我想应天顺民,称皇帝,不知诸君意下如何?"大家都不愿表态,只有主簿阎象认为时机不成熟。

他说:"过去周文王三分天下有其二,尚且服侍殷朝,将军势力虽然不小,显然不如周文王那样强盛,汉室虽然微弱,还未像殷纣王那样残暴,就更不应该取而代之了。"袁术听了,尽管心中不高兴,见手下人这么不热心,只好暂时作罢。

后来,袁术想取得一些人的支持,对前来投归的张承说:"以我土地之广,士民之众,仿效汉高祖当皇帝不行吗?"

张承说:"这在于德,不在于强,如果有德,虽然开始实力不大,也可以兴霸王之功,如果凭借势力就称帝,不合时宜,就要失掉群众,想兴盛是不可能的。"

袁术心里很不高兴,心想,老部下江东孙策总该支持自己吧,不料孙策给他写信说:"董卓贪残淫逸,骄奢横暴,擅自废立,天下的人都痛恨他,你怎能步他的后尘呢?"还说:"你家五代都是朝廷名臣,辅佐汉室,荣誉恩宠,没有人能与之相比,理应效忠守节,报答王室,这是天下人所期望的。"

袁术看罢,大失所望,还气得生了一场病。

由于追求皇帝骄奢淫逸的生活,袁术把富庶的淮南地区糟蹋得残破不堪。

士兵不为他卖命,老百姓也不支持他,都纷纷逃走。左右部下也是离心离德,形成混乱状态。

对此,曹操问袁术那边投过来的何夔说:"听说袁术军中发生变乱,实有其事吗?"何夔回答说:"袁术无信人顺天之实,而望天人之助,这是不可以得志于天下的。失道之主,亲戚都背叛他,何况是左右部下!依我看,这变乱是事实。"

曹操说:"为国失贤则亡,像你这样的有用之材,袁术都不善用,发生变乱,不是很正常的吗!"

第二年夏天,袁术实在混不下去了,便放火将宫室烧掉,带着一帮吃闲饭的人到徽山去投靠他的部下陈简、雷薄,不料遭到了拒绝。袁术手下的人散去的就更多了,他像一只丧家之犬不知如何是好。最后,他想了一个办法，把"传国玺"让给在河北的袁绍，仍然可以由袁家来当皇帝，自己也有个安身之处。

曹操得知这一消息后，马上派刘备和朱灵去截击袁术。袁术一到下邳，没想到被拦住了去路。

袁术只得掉头返回淮南。逃到离寿春80里的江亭时，终于一病不起。

身边已无粮食可吃，询问厨子，回说只剩有麦屑30斛。将麦屑做好端来，袁术却怎么也咽不下去。

其时正当六月，烈日当空，天气酷热，袁术想喝一口蜜浆，却怎么也找不到。

袁术坐在床上，独自叹息了许久，突然一声惊呼："我袁术怎么落到了这个地步啊！"喊完倒伏床下，在吐血一斗多之后死去。

袁术目中无人，刚愎自用，不听忠言，最终只落得个悲郁死去的下场。

孔子也说"下交不渎"，与比自己低的人相交往，不要高傲怠慢，放不下架子，居高临下地发号施令，盛气凌人，人们必定会对他避而远之，朋友们也会越来越远离他。

对别人态度傲慢的人，往往会看不到别人的长处，更看不见自己的短处，就这样夜郎自大下去，只会连一个朋友也交不到，如此下去连必要的合作共事都会有问题。千万不要以不恰当的态度对待朋友和身边的人，因为他们是重要的伙伴和力量，如果连他们也失去了，那就真的什么也没有了。

魔力悄悄话

在人际交往中，人们也更容易喜欢那些和善、平易的人。架子太大，傲慢自恃，必定会败得很凄惨。而为人位尊而不自矜，权重而不自傲，名显不炫，功高不居，才会赢得众人的榜样。

出风头要看时候

低调的人懂得,该出风头时出,不该出风头的时候绝不招摇。毕竟在别人还未把心思说出来之前,就把话说了,把事做了,一时自然会得到别人的赞赏,然而长此以往必定会遭他人的怨恨。因为你会让别人觉得自己像个白痴,任何事情还需要别人代说、代办,别人自然不会喜欢你,因此要摆正自己的位置,做自己分内的事。

孟贲是秦武王手下的一名勇士,此人原是齐国人,勇力过人。据说有一次他在野外看见两头牛正在相斗,他上前去用手把两头牛分开来。其中一头牛听劝,伏在地上不斗了,另外一头牛还要打。他大为恼火,左手按住牛头,右手把牛角活生生地拔了出来,这头牛当场毙命。

后来他听说秦武王正在招纳天下勇武之人,于是离开齐国去投奔秦国。

这秦武王原也是个勇猛的人,重武好战,常以斗力为乐,凡是勇力过人者,他都提拔为将,置于身边。见了孟贲自然另眼相看,很快就任命他为大将,与他手下的另外两名勇将乌获和任鄙享受一样的待遇。孟贲也非常以自己的勇力而自豪。

公元前306年,秦武王采纳了左丞相甘茂的计策,与魏国建立了秦魏共伐韩国的联盟,而后用计攻占了赵国的军事要地宜阳。秦军占领宜阳后,周都洛阳门户洞开。

秦武王大喜,亲自率领任鄙、孟贲等精兵强将要进入洛阳。周天子此时无力抵抗,只好打开城门迎接秦武王进城。

秦武王兵进洛阳后,直奔周室太庙,去观看九鼎,这九个鼎本是当年大禹收取天下九州的贡金(铜)铸成,每个鼎代表一州,共有荆、梁、雍、豫、徐、青、扬、兖、冀九州,上刻本州山川人物、土地贡赋之数,是周朝天命所在的象征。

秦武王见了九鼎,大喜过望。当然,他不是喜欢这些铜块,而是垂涎那九鼎所象征的统御天下的权力,这也是秦国历代君主的梦想。秦武王绕着九鼎逐个观看,看到雍州(代表秦国)鼎时,对随行的群臣说:"这鼎有人举起过吗?"

守鼎人赶忙回答:"自从先圣大禹铸成此鼎以来,没有听说也没有见过有人能举起此鼎。这鼎少说也有千斤重,谁能举得起呀!"秦武王听了,撇了撇嘴,回头问任鄙和孟贲:"你们两个,能举起来吗?"任鄙为人向来低调,他知道他的这位主子秦武王自恃勇力惊人,十分好胜,平时就经常和手下的大将斗力,如果此时自己出来举鼎,当着这么多人的面,抢了主子的风头,不会有好果子吃。再说,一旦秦武王真的去举鼎了,万一出了差错,自己就是长了九个脑袋也担不起这个责任,于是婉言道,"臣不才,只能举起百斤重的东西。这鼎重千斤,臣不能胜任。"

任鄙这一低调,孟贲心中暗喜,认为表现的机会来了。

于是伸出两臂走到鼎前,对秦武王说道:"让臣举举看,若举不起来,大王不要怪罪。"说罢,紧束腰带,挽起双袖,手抓两个鼎耳,大喝一声"起!",只见那鼎离地面半尺高,就重重地落下,孟贲顿时感到一阵晕眩,站立不稳,差点一屁股坐在地上,还好被左右拉住。秦武王看了,禁不住发笑:"卿能把鼎举离地面,寡人难道还不如你吗?"

任鄙见秦武王要去举鼎,赶紧上前劝道:"大王乃万乘之躯,不要轻易试力。"

秦武王本来就好与人比力,此时哪里听得进去,卸下锦袍玉带,束紧腰带,大踏步上前。

任鄙拉着秦武王苦苦相劝,秦武王生气地说:"你不能举,还不愿意寡人举吗?"任鄙不敢再劝,只好退到一旁。

秦武王伸手抓住鼎耳,深吸一口气,丹田用力,大喊一声:"起!"鼎被举起半尺,周围一片叫好之声。秦武王得意扬扬,心想:"孟贲只能举起地面,我举起后要移动几步,才能显出高下"。

秦武王接着移动左脚,不料右脚独木难支,身子一歪,千斤重的大鼎落地,正好砸到右脚上,秦武王惨叫一声,倒在地上。众人慌忙上前,把鼎搬开,只见秦武王右脚已被压碎,鲜血流了一摊。等到太医赶来,秦武王已不省人事,晚上,秦武王气绝身亡了。

周天子闻报,心中又惊又喜,喜的是这个骄横跋扈的秦王自找死路,惊的是万一秦国以此为借口兴兵讨伐,自己就王位不保了,赶紧亲往哭吊,然后派人把秦武王的灵柩送回咸阳。

之后,秦武王异母弟嬴稷登基,就是秦昭襄王。秦武王下葬后,老太后也就是秦武王的母亲令人追究责任,查到了孟贲的头上,虽然事情不能全怪孟贲,但为了出气,还是将孟贲五马分尸,诛灭其族。而低调的任鄙却因劝谏有功,升任为汉中太守。

出风头被大多数人看成是很风光的一件事,不过,从孟贲的教训中我们可以看出,出风头是要冒风险的,出多大的风头就要承担多大的后果。由此可见,别人的风头是抢不得的,不要图一时之快,要知道如此为之,危险只会逐步向你靠近!

在16世纪末期的日本,茶道风靡贵族阶层,统治者丰臣秀吉非常宠爱首屈一指的茶艺家千利体,他是丰臣秀吉最信任的咨议之一。千利体不但在皇宫里有自己的寓所,其为人也获得全日本的尊崇。

然而在1591年,丰臣秀吉下令逮捕他,并判处死刑。后来人们发现千利体命运骤变的缘由,是这位成为朝廷新贵的乡下人千利体,为自己制作了一座穿着木屐(贵族身份的象征)、态度傲慢的木头雕像,并将这座雕像放置在宫内最重要的寺院里,让经常经过的王族能清楚地看见。对丰田秀吉而言,这件事意味着千利体做事没有分寸,以为自己和最上层的贵族享有同样的权力。

他已经忘记自己的地位的获得完全仰赖幕府将军,以为自己是凭一己之力赢得荣宠,这是千利体对自己重要性的误判,为此他付出生命的代价。

谦虚——虚心竹有低头叶

千万不要以为自己的地位是理所当然的,也千万不要让任何荣宠冲昏了头。永远不要异想天开,以为上司喜爱你,你就可以为所欲为,受宠的部属自以为地位稳固,胆敢抢主子的风头,终至失宠的事例简直是不胜枚举。

所以,我们要学会做人低调,不管你多能干,始终都不要抢了别人的风头。

魔力悄悄话

没有人会喜欢抢自己风头的人,所以越是聪明有能力,越要表现得处处愚笨,处处小心谨慎,如履薄冰,尊重所有的人,绝对不可以显得比别人强。所谓处好同事方能成大事,人脉即金脉就是这个道理。

拥有真实淳朴的本色

　　人一般都多少有点自我主义,喜欢表现自己,有的甚至夸张、炫耀。其实,这对个人并没什么好处。人应该返璞归真,处事低调,始终保持本色。要知道,一个人的好名声,是靠个人的修养、品质、业绩和成就换来的,而不是靠摆架子摆出来的,架子是一种无聊的、骗人的东西。

　　在科学领域,爱因斯坦绝对算得上是一个大腕,也有资格摆架子,但据说大科学家爱因斯坦的着装和修饰非常简朴,日常生活不修边幅,以至有一次去参加演讲时,负责接待工作的人把他的司机当成了他本人,而把他当成了司机。这虽说是个笑话,可也反映了大科学家爱因斯坦不摆架子、低调做人的姿态。

　　爱因斯坦从不摆世界名人的架子。他吃东西非常随便,外出时常坐二三等车,推导和演算公式常利用来信信纸的背面。并且,他还经常穿着凉鞋和运动衣登上大学讲坛,或出入上流社会的交际场合。有一次,总统接见他,他居然忘记了穿袜子,但这并不影响他在总统和人民心目中的伟大形象。

　　爱因斯坦初到纽约时,身穿一件破旧的大衣。一位熟人劝他换件新的,他却十分坦然地说:"这又何必呢? 在纽约,反正没有一个人认识我。"

　　过了几年之后,爱因斯坦已成了无人不晓的大名人,这位熟人又遇到了爱因斯坦,发现他身上还是穿着那件旧大衣,便又劝他换件好的。谁知爱因斯坦却说:"这又何必呢? 在纽约,反正大家都认识我。"

　　可见,一个人的名声,并不是穿件漂亮的衣服就能得来的,只要你人品好,贡献大,就会赢得大家的爱戴,赢得好的口碑。

汽车大亨亨利·福特也是一个简朴不张扬的人。有一次,到英格兰去,他要找最便宜的旅馆住宿。接待员顿生疑惑:"你为什么穿这样一件,像你一样老的外套,却又要住最便宜的房间呢?可你的儿子到这儿来,却要住最高档的房间,他穿的更是最好的衣服。"亨利说:"我儿子还不懂得生活。我没有必要住最好的房间,我在哪里都是亨利·福特。我穿的外套是旧了,可它是我父亲留下的,我不需要穿新的,不穿新的我也是亨利·福特。"

这在常人看来也许是不可思议的。难道是汽车大亨视钱如命?其实,这是他对人生、对生活的返璞归真,是崇尚简朴,是保持本色,是高贵的品德!如果我们也能像他一样崇尚简朴,遇事低调不张扬,这世界不就多出许多真实淳朴,少去许多人为的虚假与掩饰吗?

康熙十六年,于成龙被擢任福建按察使,主管一省司法。去福建上任前,他嘱人买了数百斤萝卜放在船上。有的人不解地问他:"萝卜又不值钱,买这么多干什么?"他回答道:"沿途供馔,得赖此青黄不接的时候,以用糠杂米野菜为粥。即使有客人来了,也和他一同吃薄粥。"接着对客人说:"我这样做,可留些余米赈济灾民,如若上下都和我一样行事,更多的灾民会渡过难关,存活下来。"江南、江西的百姓因为于成龙自奉简陋,每天只吃青菜佐食,所以给他起了个外号"于青菜",以示亲切景仰。于成龙喜欢饮茶,考虑到茶价很贵,他不愿意多破费,便以槐叶代茶。他让仆人每天从衙门后面的槐树上采几片叶子回来,一年下来,把那棵树都快采秃了。

于成龙身体力行,使爱好奢侈艳丽的江南民俗大为改变,人们摒弃绸缎,以穿布衣为荣。一些平日鱼肉百姓的地方官,因知道于成龙好微服私访,每遇见白发伟躯者便胆战心惊,以为是于成龙,不得不有所收敛。

康熙二十三年,于成龙病死在两江总督任上。僚吏来到他的居室,见这位总督大臣的遗物少得可怜,而且都不值钱。床头上放着个旧箱子,里面只有一袭官袍和一双靴子，大家忍不住唏嘘流涕。

于成龙去世的消息传出后，江宁城中罢市聚哭，家家绘像祭奠。出殡那一天，江宁数万名百姓，步行20里，哭声震天，竟淹没了江涛的声音。

当年，康熙帝巡视江南，沿途所延访的官吏，无不对于成龙啧啧称赞。康熙帝不无感慨地对随行的人员说："朕博采舆论，敢称于成龙实天下廉吏第一，于成龙真百姓之父母，朕肱股之臣啊！"

在生活上简朴些、低调些，不仅有助于自身的品德修炼，而且也能赢得上下的交口称誉。

魔力悄悄话

真正有品质、业绩和成就的人，绝不会刻意追求架子，事实上，刻意追求架子的人也不可能真正有所作为。

不做炫耀聪明的"傻子"

在我们的生活中,不少人总认为别人是"傻子",经常在别人面前卖弄自己的小聪明。殊不知,这不仅会招致旁人的嫉恨,而且还会使自己成为轻浮自傲的人。

根据心理学家分析,当自己表现得比朋友更聪明和优越时,朋友就会感到自卑和压抑;相反,如果我们能够收敛与谦虚一点,让朋友感觉到自己比较重要时,他就会对你和颜悦色,而不会对你羡慕和嫉妒。不要让别人知道你比他更聪明,除了不会失去朋友以外,还有诸多好处,比如减少竞争对手,避免与人不必要的争斗。

一个人处处表现得比别人更聪明,往往会自食其果,尤其是那些喜欢把别人当"傻子",喜欢耍小聪明的人。

让别人知道你比他更聪明,不仅不会对你未来的发展有所帮助,反而会成为招灾惹祸的根源。在人际关系复杂的社会里,不要表现得比别人聪明和优越,更不要一味只是耍小聪明,炫耀自己的才能,必须懂得低调处世,才不至于遭妒、吃亏。所谓"树大招风",或"人怕出名猪怕壮",说的就是这个道理。

软件公司招聘了两名软件技术开发人员,一个叫汤姆,一个叫彼得。两个人均从英国知名大学毕业,修的专业都是计算机。汤姆是一个性格外向且易表现的人,他处处想表现自己,证明一下自己的实力,从而取悦老板。

相反,彼得是一个很内向的人,平时少言寡语,每天都本分地做着自己分内的工作。技术开发部除了他们两个人之外,还有两位老人,他们进公司已经有5年了。

有一次，主管亨利把他们几个人叫到一起说："现在有个游戏软件需要你们研究开发一下，最后做成一个寓智于乐的给中学生玩的游戏软件。时间是半个月。"

话音刚落，汤姆觉得这是表现自己的最好时机了，立刻站起身来说："主管，把这个交给我去做吧，我在上学的时候就已经独立做过了。"主管看了看汤姆，笑道："有勇气，有胆量，好样的。"当然，主管又重新给另外三个人做其他的软件了。

汤姆回去以后，马上投入工作，去图书馆查资料，到学校做调查，每天都工作十几个小时。

可过了一星期，汤姆也不知道到底该从哪下手。彼得和自己的另外两个同事都有条不紊地进行着自己的工作。

另外两名同事对彼得印象非常好，谦虚谨慎、虚心好学的彼得为自己赢得了人气指数。

然而，汤姆则显得很孤立，没有人愿意搭理他，在他不知如何下手进行工作时，也没有人愿意帮助他。

日子就这样一天一天地过着，眼看就快到交工的时候了，汤姆急得像热锅上的蚂蚁一样。而彼得他们的软件则即将完成，只剩最后的一点工作了。

其实，不是大家不愿意帮助汤姆，而是因为他太过张扬。

果不其然，汤姆没有在规定的时间内完成任务，因为他根本就不知如何下手操作。

他有的只是理论，在实践方面还很欠缺。主管很忌讳那些不懂还不虚心学习的人。

他认为汤姆不会有太大的潜能，也不会做出多大的成绩，所以下决心把汤姆炒了。

而彼得则因为谦虚好学，凭借自己在学校的理论知识作指导，很有创意地开发了好几个游戏软件，而且他从不把成绩归于自己的头上，说全都是大家的努力。

就这样,彼得很快就得到主管的赏识,被提拔为部门主任。

没有开发出游戏软件并不是汤姆被炒的唯一原因,还因为他急于表现,不够谦虚,过于张扬。

汤姆不是没有才华,如果汤姆能谦虚一点,低调一点,或许主管还会把他留下好好培养。

无论你采取什么方式指出别人的错误:一个蔑视的眼神,一种不满的腔调,一个不耐烦的手势,都有可能带来难堪的后果。你以为对方会同意你所指出的错误吗? 绝对不会。因为你否定了他的智慧和判断力,打击了他的荣耀和自尊心,同时还伤害了他的感情。他非但不会改变自己的看法,还要进行反击,这时,你即使说破了嘴也无济于事。

永远不要说这样的话:"看着吧! 你会知道谁是谁非的。"这等于说:"我会使你改变看法,我比你更聪明。"这实际上是一种挑战,在你还没有开始证明对方的错误之前,他已经准备迎战了。为什么要给自己增加困难呢?

不让别人知道你比他更聪明,有时需要你在现实生活中做到巧妙委婉地指出他人的错误而不是直接点出。

人有时会很自然地改变自己的想法,但是如果有人说他错了,他就会恼火,并且更加固执己见。你若发现别人的错误之处,可以用若无其事的方式提醒别人。

如果有人说了一句你认为是错误的话,你也可以这样说:"晤,我倒有另外一种想法,但也许不对。我常常弄错。如果我弄错了,我很愿意得到纠正。"这将会收到神奇的效果。无论什么场合,试问,谁会反对你说"我也许不对"呢?

低调者知道比他人聪明是好事,但这不能作为炫耀的资本,以免刺激他人,徒然增加他人的嫉妒情绪。

我们做人姿态应该放得低一些,对人谦和礼貌,居高位而不自傲,并在合适的时候显露出无伤大雅的短处,增加一点亲和力,不要显得与众不同,高高在上。

如果你让别人知道你比他更聪明,别人会认为你的条件很优越,从而感觉自己不如你,自卑感便油然而生。你就会招致别人的误会、嫉妒甚至陷害。总之,你要比别人聪明,但不要让别人知道这一点。在聪明之处收敛点,别人会对你和颜悦色,也不会嫉妒你。

魔力悄悄话

聪明的人应当学会低调,不要让别人知道你比他更聪明,即使有才华也不在他人面前炫耀,只有这样的人才能肩负重任,成就大业。

尊重他人的自尊心

人人都有自尊心,伤害了别人的自尊,他会将之视为"奇耻大辱",会耿耿于怀,而且不能解决任何问题。

在广州的一家著名酒店,一位外宾吃完最后一道菜,顺手就把精美的景泰蓝筷子悄悄插进了自己西装内侧的口袋里。

这一幕被服务小姐看到了,她不动声色地迎上前去,双手捧着一只装有一双景泰蓝筷子的小盒子,对这位外宾说:"我发现先生在用餐时,对我国景泰蓝筷子爱不释手,非常感谢你对这种精细工艺品的赏识。为了表达我们的感激之情,经餐厅主管批准,我代表酒店,将这双图案最为精美,并经过严格消毒的景泰蓝筷子送给你,并按照酒店的'优惠价格'记在你的账上,你看好吗?"

这位外宾自然听出了服务小姐的弦外之音,在表示了一番谢意后,说自己多喝了两杯,头脑有点发晕,误将筷子插入了口袋。然后,外宾借此下"台阶",说:"既然这种筷子没有消毒就不好使用,我就'以旧换新'吧!"说着,取出内衣口袋里的筷子,恭恭敬敬地放回桌上。

人就是这样,你越是尊重他,给他面子,他就会表现出令人尊重的优秀的一面;如果你不给他面子,让他在众人面前显示出不光彩的一面,那他就有可能真的做出不光彩的事出来。

作家冯骥才在美国访问时,一位美国朋友带着儿子去看他。他们谈话间,那位壮如牛犊的孩子,爬上了冯骥才的床,站在上面拼命蹦跳。如果直截了当地请他下来，势必会使其父产生歉意，很没面子。于是，冯骥才便说了一句幽默的话："请你的儿子回到地球上来吧！"那位朋友说："好，我和他商量商量。"结果冯骥才既达到了目的又风趣地给了朋友面子。

人性很奇妙，可以吃闷亏，也可以吃明亏，但就是不能"丢面子"。而年轻人常犯的毛病是，自以为见解精辟，逮到机会就大发宏论，把别人批评得脸一阵红一阵白，图自己一时痛快。却不知这种举动已为自己的祸端铺了路。而那些老于世故的人，宁可高帽子一顶顶地送，也不轻易在公开场合说一句批评别人的话。你照顾别人面子，别人也会如法炮制，给足你面子，彼此心照不宣，尽兴而散。

魔力悄悄话

低调的人处理问题，会把别人的自尊、面子放在第一位，然后再设法将事情导向好的方面。他们在一般人际交际中不会去伤害别人的自尊，也使自己减少很多不必要的损害。

别把优越感作为傲人的资本

"优越感",即自以为比别人优越的意识。优越感一部分来自自身的实力,一部分源于所处的环境。

在当今社会中,每个人都会有不同程度的优越感,例如说职业优越感,一个月薪上万的人在拿千八百的人面前当然会感觉良好;比方说长相上的优越感,据说美女都不愿和美女做朋友,因为那样不足以显出她的美来;还有学历上的优越感,这种无形的差异会使学历高的一方对学历低的一方产生歧视心理。

优越感本身是一种自信的保障,是利剑和盾牌。然而,在有些人的眼里,"优越感"已经成了傲人的资本,其实如果不能够正确对待,那么它便会成为一种摆脱不掉的"包袱"。有了这种包袱,艰苦奋斗的观念就会淡薄。当这种包袱越背越重,就会方向不明,路子不清,脚步不稳,乃至跌进痛苦的深渊而不能自拔。

因此,当心被"优越感"摧垮,并非危言耸听。因为你的"优越感"会衬托出别人的倒霉,甚至还以为你在嘲笑对方的无能,让他产生一种不如你的感觉,特别是失意的人,你在他面前显示"优越感",会使他恼火,甚至讨厌你。可见。当优越感膨胀得太大,就好比太长的剑失去了攻击力,太大的盾牌遮蔽了锐利的眼光。

有一天,有个人约几位朋友到家里吃饭,这些人都是彼此相熟的。主人把他们聚拢来主要是想借着热闹的气氛,让一位目前正陷入低潮的朋友心情好一些。这位朋友因前不久经营不善,刚开的一家公司倒闭了,妻子也因为不堪生活的压力,正与他谈离婚的事,内外交迫,他实在痛苦极了。

来吃饭之前大家都知道这位朋友的遭遇,于是大家都有意地避免谈有关事业的问题,可是其中一位姓李的朋友因为目前赚了很多钱,几杯酒下肚,忍不住就开始谈他的赚钱本领和花钱功夫,那种得意的神情,就连主人也看不下去了。

那位失意的朋友低头不语,脸色非常难看,一会儿上厕所,一会儿去洗脸,后来他猛喝了一杯酒,赶早离开了。主人送他出去,在巷口,失意的他愤愤说道:"老李会赚钱也不必那么神气地炫耀啊!"主人了解他的心情,因为多年前他也遇过低潮,正风光的亲戚在他面前炫耀他的薪水、年终奖金,那种感受,就如同把针一支支插在心上一般,那种难受是无法用语言来形容的。

可见,不要有太强烈的优越感,因为它会使人们对你敬而远之,失去许多知心朋友。因此,在你没有陷入孤独之前,要懂得掩饰你的优越感,或者你得努力在客观的优越中并不滋生主观的优越感,你才可以在身心内外的两个世界中找到平衡的支点。优越感其实是很轻浮的一种自我意识,尤其是在你与他人交往的时候。

人在社会交往的过程中,就是为了寻找同类项的本能。也就是说,人总是生活在一个其实并不能完全让你表露优越感的地方。所谓优越,其实也看跟什么人比,大学毕业生去和农民工比谁有文化,那么就不会有太多的优越感,因为大学生并不是生活在农民工的群体中。一个从小都没有优越感的人,即使拿到了博士学位,他也不会有学历优越感;即便她貌美如花,她也会自我感觉如寻常百姓。

一天晚上,有位老人正在等待渡河。但一个接一个骑士从身边经过,他都没有开口求助。当最后一个骑士过来时,老人开口了:"先生,你能不能载我到对岸去?"这位骑士不仅把老人载过河,还送他到几英里外的目的地。快到时,骑士好奇地问:"先生,我注意到你眼睁睁地让几个骑士经过,而直到我来时你才求助。这是为什么?"老人回答:"我很会看人的。我看其他骑士的眼光,马上了解他们根本不关心我的状况。但是我看你的眼光时，很明显地找到了仁慈和怜悯。"这位骑士不是别人，正是托马斯·杰斐逊。托马斯·杰斐逊出身高贵，接受过最好的教育，又极富卓越的思想和才干，为美国作出了无可限量的贡献，但他从来不以此为优越感去炫耀，而是以仁慈的心对待每一个卑微的人。

人有优越感就不可能平等待人，就可能起纷争。因此，老庄讲"齐物"，乃至有"圣人不死，大盗不止"的高论。在哲学意义上，用至上的标准来看，任何人，有任何方面的优越感都是浅薄的。相对于无穷尽的宇宙，个体有限的智慧，差别再大也趋近于零。因此，**千万别用优越的眼光去看别人，也别用你优越的标准来要求别人**。

魔力悄悄话

稍微有点天文学知识的人都知道，在浩瀚的宇宙中，人无比渺小，任何人的行为对整个宇宙来说都微不足道。有句说"没了你地球照样转"，这句话是十分有道理的。一个优越感膨胀的人与一只好斗的公鸡是一样的。